Kohlhammer

Brennpunkt Schule

Herausgegeben von

Fred Berger
Wilfried Schubarth
Sebastian Wachs
Alexander Wettstein

Die Autorin

Dr. Petra Siwek-Marcon ist Lehrende der Bildungswissenschaft und wissenschaftliche Geschäftsführerin der School of Education an der Paris Lodron Universität in Salzburg sowie klinische und Gesundheitspsychologin.

Petra Siwek-Marcon

Klassenführung durch Beziehung

Grundlagen und Handlungsstrategien

Verlag W. Kohlhammer

Dieses Werk einschließlich aller seiner Teile ist urheberrechtlich geschützt. Jede Verwendung außerhalb der engen Grenzen des Urheberrechts ist ohne Zustimmung des Verlags unzulässig und strafbar. Das gilt insbesondere für Vervielfältigungen, Übersetzungen, Mikroverfilmungen und für die Einspeicherung und Verarbeitung in elektronischen Systemen.

Die Wiedergabe von Warenbezeichnungen, Handelsnamen und sonstigen Kennzeichen in diesem Buch berechtigt nicht zu der Annahme, dass diese von jedermann frei benutzt werden dürfen. Vielmehr kann es sich auch dann um eingetragene Warenzeichen oder sonstige geschützte Kennzeichen handeln, wenn sie nicht eigens als solche gekennzeichnet sind.

Es konnten nicht alle Rechtsinhaber von Abbildungen ermittelt werden. Sollte dem Verlag gegenüber der Nachweis der Rechtsinhaberschaft geführt werden, wird das branchenübliche Honorar nachträglich gezahlt.

Dieses Werk enthält Hinweise/Links zu externen Websites Dritter, auf deren Inhalt der Verlag keinen Einfluss hat und die der Haftung der jeweiligen Seitenanbieter oder -betreiber unterliegen. Zum Zeitpunkt der Verlinkung wurden die externen Websites auf mögliche Rechtsverstöße überprüft und dabei keine Rechtsverletzung festgestellt. Ohne konkrete Hinweise auf eine solche Rechtsverletzung ist eine permanente inhaltliche Kontrolle der verlinkten Seiten nicht zumutbar. Sollten jedoch Rechtsverletzungen bekannt werden, werden die betroffenen externen Links soweit möglich unverzüglich entfernt.

1. Auflage 2022

Alle Rechte vorbehalten
© W. Kohlhammer GmbH, Stuttgart
Gesamtherstellung: W. Kohlhammer GmbH, Heßbrühlstr. 69, 70565 Stuttgart
produktsicherheit@kohlhammer.de

Print:
ISBN 978-3-17-041250-7

E-Book-Formate:
pdf: ISBN 978-3-17-041251-4
epub: ISBN 978-3-17-041252-1

Inhaltsverzeichnis

1	**Beziehungsorientierte Klassenführung: eine Einführung**	**9**

2	**Klassenführung auf der Sekundarstufe – Was uns verschiedene Sichtweisen lehren können**	**13**
2.1	Definition(en) von Klassenführung	13
2.2	Klassenführung als ein Kompetenzbereich von Lehrpersonen	16
2.3	Klassenführung als präventives vs. reaktives Lehrer*innenhandeln	18
2.4	Klassenführung im Spannungsfeld zwischen Struktur (»Disziplin«) und Unterstützung (»Beziehung«)	20
2.4.1	Wahrnehmungen von Disziplin und ihrer Rolle bei der Klassenführung	21
2.4.2	Wahrnehmungen der Beziehung zwischen Lehrenden und Lernenden und ihrer Rolle in der Klassenführung	27
2.4.3	Resultierende Grundorientierungen gegenüber Klassenführung: zwischen Kontrolle und Beziehung	30
2.5	»Das Beste aus drei Welten«: Ein integrativer Zugang zur Klassenführung	39

3	**Klassenführung durch Beziehung – so gelingt's**	**45**
3.1	Die Disziplin und ich	45
3.2	In Beziehung treten: gute Grundlagen für Zusammenarbeit schaffen	48
3.2.1	Möglichkeiten aktiver Beziehungsförderung – mit einzelnen Schüler*innen und im Klassenverband	55
3.3	Problemen im Entstehen begegnen: Präventive Strategien auf Unterrichtsebene	65
3.3.1	Arbeit mit Regeln und Erwartungen	65
	Exkurs: Konsequenzen und Strafen – sinnvoll oder nicht?	70
3.3.2	Herstellung und Erhaltung von Unterrichtsfluss, Klarheit und Struktur	73
3.3.3	Schüler*innen aktivieren und einbinden	78
3.3.4	Präsenz zeigen	80
3.4	Auf Konflikte richtig reagieren: Reaktive Strategien und Interventionen auf Unterrichts- und Beziehungsebene in Akutsituationen	84
3.4.1	Akute Konflikte unterbrechen und beziehungsfördernd de-eskalieren – Lehrperson vs. Schüler*innen (im Unterricht)	91
3.4.2	Akute Konflikte unterbrechen und beziehungsfördernd de-eskalieren – Schüler*innen untereinander (außerhalb des Unterrichts)	95
3.4.3	Konflikte verstehen und richtig einordnen	99
3.5	Größere Probleme gemeinsam bewältigen	101
3.5.1	Grundpfeiler erfolgreicher Beratung und Gesprächsführung	102
3.5.2	Die richtige Gesprächsumgebung	106
3.5.3	Wichtige Vorbereitungsschritte für Beratende	107

3.5.4	Struktur und Aufbau beziehungsorientierter Beratungsgespräche	108
3.5.5	Exkurs: Grundregeln bei schweren Problematiken (Gewalt, Missbrauch, selbstverletzendes Verhalten, ...)	112
3.5.6	... und die Anderen? Einbeziehen von Mitschüler*innen und Thematisierung belastender Themen im Unterricht	116
3.6	Auf sich selbst achten: Selbstfürsorge und Abgrenzung	119
3.6.1	Eigene Grenzen wahrnehmen und akzeptieren	120
3.6.2	Psychohygiene und Selbstfürsorge auf emotionaler, kognitiver und Verhaltensebene	121
3.6.3	Unterstützungsnetzwerke kennen und nutzen	123

4 Zusammenfassung und Ausblick — **125**

Literaturverzeichnis — **127**

1
Beziehungsorientierte Klassenführung: eine Einführung

»Bildung braucht Beziehung« – dieses Zitat wurde in den vergangenen Jahren zu einem Schlagwort für die moderne Gestaltung von Erziehungs- und Bildungsprozessen. Dies betrifft auch den Bereich der Klassenführung: War Klassenführung bis vor wenigen Jahren noch sehr stark mit Fragen der Disziplin im Unterricht und Autorität von Seiten der Lehrperson verknüpft (im Überblick Emmer & Sabornie, 2015; Evertson & Weinstein, 2006), attestiert die moderne Forschung Klassenführung heute vor allem dann Wirksamkeit und Stärke, wenn es ihr gelingt, ein Gleichgewicht zwischen Beziehungsqualität einerseits und notwendiger Struktur andererseits zu schaffen. Klassenführung und Beziehungsqualität zwischen Lehrpersonen und Schüler*innen gelten – separat voneinander – in der Schul- und Unterrichtsforschung schon lange als zentrale Gelingensbedingungen von Lernen. So konnten Marzano und Kolleg*innen (2003, nach Hattie, 2009) in ihrer einflussreichen Metaanalyse eine bedeutende Effektstärke ($d = .52$)[1] von guter Klassenführung auf die Schüler*innenleistung nachweisen, für Beziehungsqualität war dieser Effekt sogar noch größer ($d = .72$; Cornelius-White, 2007). Die Forschung der letzten Jahre zeigt immer mehr, dass Klassenführungskompetenz und eine qualitätsvolle Lehrer*innen-Schüler*innen Beziehung darüber hinaus stark miteinander verknüpft sind und einander bedingen: So konnten Mainhard und Kolleg*innen (2011) in einer Studie mit 1208 niederländischen Schüler*innen zeigen, dass unterstützendes Verhalten der Lehrperson (Lob und Bestärkung, Hilfestellung, Begegnung auf Augenhöhe) überdauernde positive Zusammenhänge mit dem wahrgenommenen Klassenklima zeigte, während Lehrpersonen, die versuchten, Schüler*innenverhalten über Zwang, negative Reaktionen u. ä. zu steuern, nicht nur negativeres Klima in ihren Klassen hatten, sondern auch von ihren Schüler*innen als deutlich weniger (!) einflussreich wahrgenommen wurden als Lehrpersonen, zu denen eine positive Beziehung bestand. In einer eigenen Studie (Siwek-

---

[1] Eine *Metaanalyse* ist eine Studie, die die Ergebnisse mehrerer Studien zu derselben Fragestellung zusammenfasst und deren Gesamtaussagekraft beurteilt. Die *Effektstärke*, meist ausgedrückt als d nach Cohen (1988), ist ein statistisches Maß, das die praktische Bedeutung eines statistisch nachgewiesenen signifikanten Unterschieds zwischen zwei oder mehr Vergleichsgruppen ausdrücken und quantifizieren möchte. Dies wird notwendig, da bei großen untersuchten Gruppen auch kleine, in der Praxis unbedeutende Unterschiede, statistisch signifikant werden, was dann mitunter fälschlicherweise als aussagekräftiger Zusammenhang interpretiert wird. Nach Cohen (1988) ist ein Maß von $d = 0.2$ bis 0.4 als kleiner Effekt, von $d = 0.5$ bis 0.7 als mittlerer Effekt und von $d = 0.8$ oder höher als sehr bedeutsamer/großer Effekt interpretierbar. Nähere Informationen zu Berechnung und Interpretation dieses Maßes können in der Originalquelle oder unter https://www.psychometrica.de/effektstaerke.html nachgelesen werden.

Marcon, 2019, 2021) an 1048 österreichischen Schüler*innen und ihren Lehrpersonen zeigte sich, dass Klassenführungskompetenz in hohem Maß durch die Kooperation zwischen Lehrperson und Schüler*innen, also einen Beziehungsfaktor, bestimmt war, und die Beziehungsqualität wiederum in jenen Klassen am höchsten war, in denen die höchste Klassenführungskompetenz attestiert wurde; zudem ließ sich feststellen, dass beide Aspekte geübt und positiv beeinflusst werden können.

Gleichzeitig zeigt die Forschung, dass sich Verhalten von Schüler*innen und Lehrpersonen gegenseitig bedingen: Pas und Kolleg*innen (2015) zeigten anhand von Beobachtungen in 1262 US-amerikanischen Klassen, dass Schüler*innen, die positives Verhalten im Unterricht zeigten, von ihren Lehrpersonen deutlich mehr positive Reaktionen und Unterstützung erfuhren als Schüler*innen, die provozierendes Verhalten an den Tag legten. Die gegenseitige Beeinflussung von Lehrer*innen und Schüler*innenverhalten und entsprechende Effekte auf die produktive Nutzung der Lernzeit, den Klassenführungsstil der Lehrpersonen und die Beziehungsqualität in den Klassenzimmern konnte in ähnlicher Form auch länderübergreifend gezeigt werden (vgl. z. B. Lewis, Romi, Katz & Qui, 2008; Montuoro & Lewis, 2015). Auf die weitreichenden Effekte dieses Zusammenhangs, etwa auf Lernmotivation der Schüler*innen, Einstellungen gegenüber Lernen und Schulleistungen oder Lehrer*innengesundheit, wird in Kapitel 2 (▶ Kap. 2) noch weiter eingegangen.

Die bislang zitierten Ergebnisse lassen aber bereits zwei wesentliche Schlüsse zu:

1. Klassenführung und Beziehungsqualität im Unterricht hängen untrennbar miteinander zusammen; und
2. Schüler*innen und Lehrpersonen sind für das Gelingen (oder Misslingen) beider Aspekte gleichermaßen verantwortlich.

Nichtsdestotrotz zeigt sich bei Betrachtung insbesondere der deutschsprachigen Literatur, dass diese Erkenntnisse noch nicht ausreichend in theoretischen und praktischen Konzeptionen moderner Klassenführung Eingang gefunden haben. Diese Lücke möchte dieser Band schließen, indem einerseits neueste internationale Forschungserkenntnisse zur Erweiterung des Verständnisses von Klassenführung in Richtung einer echten Beziehungsorientierung genutzt werden, andererseits auch aufgezeigt wird, was eine gelingende Beziehung zwischen Schüler*innen und Lehrpersonen auf der Sekundarstufe denn nun genau ausmacht, wie diese aufgebaut und erhalten werden und für die Gestaltung von Lernumgebungen produktiv genutzt werden kann.

Dazu beleuchtet der Band im ersten Teil (▶ Kap. 2) internationale Erkenntnisse rund um Classroom Management mit Fokus auf die Sekundarstufe, wo Alter und Entwicklungsstand der Lernenden besondere Ansprüche an die Klassenführung – und die Zusammenarbeit mit den Schüler*innen für deren Gelingen – stellen. Im zweiten Teil (▶ Kap. 3) werden die Implikationen aus diesen Erkenntnissen für das konkrete Handeln in- und außerhalb des Unterrichts lösungsorientiert und praxisnah aufbereitet und für Lehrpersonen und allen in Schule und Unterricht tätigen Professionist*innen, die ihren Umgang mit Schüler*innen und hier insbesondere ihre Klassenführung reflektieren und verbessern wollen, zugänglich gemacht. Neben Ausführungen zum Aufbau und Erhalt tragfähiger Beziehungen in Schule und Unterricht werden konkrete präventive sowie konstruktive reaktive Strategien zur Bearbeitung von Problemen in- und außerhalb des Unterrichts vorgestellt und deren Wirkweise und Bedeutung werden erläutert. Darüber hinaus wird besonderes Augenmerk auf Elemente und Gelingensbedingungen beratender Gespräche als zentrales Element beziehungsfördernder Interventionen gelegt. Der Band schließt mit Hinweisen zum konstruktiven eigenen Umgang mit belastenden Situationen, Grundlagen gelungener Abgrenzung und der Bedeutung und Funktion schulischer Unterstützungsnetzwerke mit dem Ziel, die eigenen und fremden Ressourcen, die zur konstruktiven Gestaltung von Lernumgebungen notwendig sind, optimal nutzen und erhalten zu können.

2

Klassenführung auf der Sekundarstufe – Was uns verschiedene Sichtweisen lehren können

2.1 Definition(en) von Klassenführung

«Nearly everything a teacher does, aside from communicating the content of the academic curriculum, is part of classroom management.»

Mit obiger Aussage drücken Schwab & Elias (2015, S. 94f.) in dem Referenzwerk »Handbook of Classroom Management« (Emmer & Sabornie, 2015) auf einen Blick die Breite und Komplexität jener Prozesse aus, die in der modernen Forschung unter dem Begriff »Klassenführung« zusammengefasst werden.

Auf den ersten Blick mag diese Aussage ein Gefühl der Überforderung auslösen – impliziert sie doch, in dieser gesamten Breite »Meister*in« sein zu müssen, wenn man seine Schüler*innen zu produktivem Arbeiten in möglichst störungsfreien und gleichzeitig lern-, autonomie- und sozialförderlichen Klassenzimmern anleiten möchte. Gleichzeitig birgt sie aber auch unheimlich viel Potenzial – nämlich dahingehend, dass viele Wege zum Ziel führen können, an vielen Schrauben gedreht werden kann und gelungene Klassenführung etwas ist, das nicht vorrangig durch punktuelle Aktionen, sondern vielmehr durch einen »Gesamteindruck« von Lehrpersonen und Schüler*innen von deren Lernumfeld bestimmt ist.

In diesem Sinne ist der erste Teil dieses Buches verschiedenen Zugängen und Ansätzen rund um Klassenführung (auch: Klassenmanagement, Classroom Management)[2] gewidmet. Dabei wird nicht nur die Vielgestaltigkeit des Begriffs, sondern auch jene der Forschungstraditionen sichtbar werden, die sich mit ihm über die letzten 50 Jahre beschäftigt haben. Wie so oft im pädagogisch-psychologischen Bereich gibt es – eben aufgrund dieser Vielfalt der Zugänge – keine einheitliche und einzige Definition von Klassenmanagement, wohl aber – wenn man so will – Kompromisse, die seinen Kern für einen Großteil der wissenschaftlichen und praktischen Landschaft gut zu treffen scheinen.

Ein Beispiel hierfür ist die breit anerkannte Definition von Evertson & Weinstein (2006) von Classroom Management als die *Summe aller koordinativen und steuernden Impulse der Lehrperson, die eine für sozio-emotionales sowie kognitives Lernen günstige Lernumgebung schaf-*

---

[2] Da dieser Band einen integrativen Ansatz von Klassenführung über verschiedene Forschungstraditionen aus dem deutschsprachigen und internationalen Raum verfolgt, werden die Begriffe »Klassenführung«, »Klassenmanagement« und »Classroom Management« hier synonym verwendet und beziehen sich, sofern nicht anders spezifiziert, auf die in Kapitel 2.2. beschriebene Konzeption von relationaler Klassenführung basierend auf einem erweiterten ökologischen Ansatz nach Doyle (2006) und Piwowar (2014).

2.1 Definition(en) von Klassenführung

fen und aufrecht erhalten (im englischen Original: »teachers' general leading and coordinating efforts in order to create a learning environment in the classroom which enhances social-emotional as well as academic learning«, Evertson & Weinstein, 2006, S. 4). Gleichzeitig *maximiert* gute Klassenführung *die den Schüler*innen zur Verfügung stehende Lernzeit* (engl. »time on task«; Helmke, 2015; Kunter, Baumert & Blum, 2011).

Darüber hinausgehend unterscheiden sich die Definitionen guter Klassenführung, die Komponenten, aus denen sie sich zusammensetzt, und auch ihre Messformen je nach dem dahinter liegenden theoretischen Modell (Fries & Cochran-Smith, 2006).

Diese unterschiedlichen Auffassungen – entstanden aus unterschiedlichen wissenschaftlichen Traditionen und Haltungen gegenüber Grundelementen wie Disziplin, Verantwortlichkeiten und Rollen von Lehrenden und Lernenden oder Beziehungsgestaltung in Unterricht und Schule – haben zur Folge, dass sich interessierte Pädagog*innen mit einer oft verwirrenden, teilweise widersprüchlich erscheinenden Fülle an Empfehlungen konfrontiert sehen, die sich mit den eigenen Grundüberzeugungen und Praxiserfahrungen nur bedingt decken und entsprechend häufig als praxisfern abgelehnt werden.

Die folgenden Seiten verfolgen daher das Ziel, einige wesentliche Zugänge zu Classroom Management sowie deren dahinter liegende pädagogische Haltungen, Ziele und sich daraus ergebende Konsequenzen für den Unterricht vorzustellen. Dies soll einerseits ermöglichen, das im Anschluss vorgestellte Konzept der Klassenführung durch Beziehung als einen Ansatz, der sowohl dem Anspruch nach Strukturgebung als auch jenem nach unterstützender Beziehung gerecht wird, nachvollziehbar abzuleiten. Andererseits soll interessierten Leser*innen dadurch eine Möglichkeit gegeben werden, die eigenen Überzeugungen mit bestehenden Ansätzen abzugleichen und deren Stärken und Entwicklungsbereiche auf Basis der eigenen Erfahrungen zu reflektieren und einzuordnen. Die Ausführungen fokussieren dabei auf Erkenntnisse zum Sekundarstufenbereich, dem primären Interessensfeld der Leser*innen dieser Reihe. Viele Strategien, die in der Ratgeberliteratur zu Klassenführung und Beziehungsgestaltung angeboten werden, haben ihren Ursprung im Grundschulbereich, der traditionell in diesen Themenbereichen wesentlich breiter erforscht ist (Good & Brophy, 2003; Pianta, 2006). Während die dort erprobten und bewährten Strategien, etwa zum Einsatz von Regeln und Ritualen im Unterricht, auch für höhere Schulstufen wertvolle Impulse geben können, verlangen Alter und Entwicklungsstand der Schüler*innen über den Verlauf der Sekundarstufe Anpassungen, die ihren Bedürfnissen nach Autonomie, Selbst- und Mitbestimmung sowie ihren entsprechend weiter entwickelten Fähigkeiten in Bereichen wie Selbstkontrolle, Selbstverantwortung und Selbstständigkeit gerecht werden. Während in Kapitel 3 auf solche entwicklungspsychologischen Besonderheiten von Jugendlichen im Sekundarstufenalter eingegangen wird, umreißt dieses Kapitel daher den aktuellen Forschungsstand mit explizitem Fokus auf alle Altersstufen jenseits der Grundschule.

2.2 Klassenführung als ein Kompetenzbereich von Lehrpersonen

Eine insbesondere im deutschen Forschungs- und Sprachraum sehr gängige Auffassung von Klassenführung ist jene als eine *Steuerungsleistung der Lehrkraft* und damit als einen *Teil der pädagogisch-psychologischen Kompetenzen* von Lehrpersonen (beispielhaft als solche modelliert z. B. in den namhaften Schulwirksamkeitsstudien der letzten Jahre, wie TEDS-M von Blömeke & König, 2010a oder COACTIV von Kunter, Baumert & Blum, 2011). Ebenso ist Klassenführung ein unbestrittener Bestandteil namhafter Modelle von *Unterrichtsqualität*, etwa jenen von Brühwiler, Hollenstein, Affolter, Biedermann & Oser (2017) oder Andreas Helmke (2015).

In Modellen von Lehrer*innenkompetenz fällt jedoch auf, dass Klassenführung entweder auf einige wenige Elemente verkürzt wird

2.2 Klassenführung als ein Kompetenzbereich von Lehrpersonen

(z. B. Störungsausmaß und Zeitverschwendung im Unterricht bei COACTIV oder störungspräventive Unterrichtsführung und -Planung sowie effektive Zeitnutzung bei TEDS-M) oder nicht genau geklärt ist, was diese Steuerungsleistung tatsächlich umfasst. Die englischsprachige Forschung verfolgt hingegen oftmals breitere Ansätze. So werden dort etwa auch die Beziehungsqualität zwischen Lehrenden und Lernenden (Wubbels et al., 2015) oder pädagogisch-didaktische Grundeinstellungen der Lehrperson (Woolfolk Hoy & Weinstein, 2006) miteingeschlossen und die Eigenverantwortung von Schüler*innen für eine produktive Lernumgebung verstärkt betont (vgl. etwa Pianta, 2006; Bear, 2015). Warum fehlen diese Elemente in den deutschsprachigen Modellen?

Wie Helmke (2015) ausführt, wurde der Begriff der Klassenführung – innerhalb wie außerhalb des Klassenraums – insbesondere im deutschen Sprachraum bis in die 1990er Jahre hinein weitestgehend gemieden, wohl aus Gründen historisch negativ behafteter Verknüpfungen von Begriffen wie Führung, Disziplin u. ä. Eine Folge davon war, dass Theorien, Methoden und Techniken der Klassenführung auch in Aus- und Weiterbildungen für Pädagog*innen kaum Beachtung fanden (van Tartwijk & Hammerness, 2011) und Versuche, Klassenführung zu systematisieren und zu modellieren, abgesehen von wenigen Ausnahmen (bspw. Mayr, Eder & Fartacek, 1991; Rheinberg & Hoss, 1979; im Überblick auch Helmke, 2015 und Piwowar, 2014) im deutschen Sprachraum relativ neu sind (Helmke, 2015; Kunter et al., 2011; Ophardt & Thiel, 2013). Zudem verfolgt die Forschung zu Lehrer*innenkompetenzen und Unterrichtsqualität aktuell im deutschsprachigen Raum einen stark quantitativ-meßorientierten[3] Ansatz, der eine Abbildung vieler Einzelkompo-

---

3 *Quantitative Forschung* = Methode der empirischen Sozialforschung, bei der die Ermittlung von Häufigkeiten mittels z. B. Fragebögen mit vielen Teilnehmer*innen im Fokus steht. Die Ergebnisse werden als Zahlen ausgedrückt (*quantifiziert*) und zur Überprüfung von Annahmen über größere Zusammenhänge zwischen Ursachen und Wirkungen genutzt. Dabei wird versucht, mittels statistischer Methoden von der untersuchten Gruppe allgemeingültigere Schlüsse auf die Gesamtpopulation zu ziehen.

nenten einer Teildimension wie Klassenführung (vgl. auch Kunter & Voss, 2011) allein aus meßpraktischen und ökonomischen Gründen nicht erlauben würde. Die Folge aus beidem ist allerdings, dass diese Ansätze zu effektiver Klassenführung im Vergleich zum internationalen Forschungsstand relativ kurz greifen und empirisch erwiesenermaßen zentrale Aspekte, wie die Beziehungsqualität zwischen Lehrenden und Lernenden (Cornelius-White, 2007; Montuoro & Lewis, 2015; Pianta, 2006; Piwowar, 2014; Woolfolk Hoy & Weinstein, 2006; Wubbels et al., 2015) unberücksichtigt bleiben. Dementsprechend wird bei näherem Interesse an der beschriebenen Auslegung von Klassenführung in Modellen von Lehrer*innenkompetenz, den dortigen weiteren Teilbereichen pädagogisch-psychologischer Kompetenzen und deren Messung auf die oben angegebenen Primärquellen verwiesen.

2.3 Klassenführung als präventives vs. reaktives Lehrer*innenhandeln

Eine weitere häufig in der Literatur angetroffene Einteilung von Klassenmanagement, insbesondere wenn es um spezifische Techniken und Verhaltensweisen bei Klassenführung geht, ist jene in *präventive vs. reaktive* Strategien, die von Lehrpersonen eingesetzt werden, um mit Unterrichtsstörungen umzugehen. *Präventive Strategien* sind dabei all jene, die Störungen der aktiven Lernzeit von Vornherein zu vermeiden suchen, während *reaktive Strategien* sich auf den Umgang mit bereits aufgetretenen Störungen des Unterrichts konzentrieren (Woolfolk Hoy & Weinstein, 2006; Emmer & Sabornie, 2015a; Kounin, 2006).

Diese Unterscheidung geht wesentlich auf Jacob Kounins (2006) Originalforschung zu Strategien erfolgreicher Klassenführung aus den 1970er Jahren zurück, die auch moderne Forschung und theoretische Modelle zu Classroom Management nach wie vor prägend

2.3 Klassenführung als präventives vs. reaktives Lehrer*innenhandeln

beeinflusst (Emmer & Sabornie, 2015a; Evertson & Weinstein, 2006; Piwowar, 2013; Woolfolk Hoy & Weinstein, 2006). Aufbauend auf Kounins Erkenntnissen zu Verhaltensweisen von Lehrpersonen, deren Unterricht einen hohen Anteil echter Lernzeit und wenig Störungen aufwies, stimmt die Wissenschaft auch heute darin überein, dass sich gute Klassenführung besonders durch *präventives* und *proaktives* Lehrer*innenhandeln auszeichnet (Bear, 2015; Emmer & Sabornie, 2015a; de Jong, van Tartwijk, Wubbels, Veldman, & Verloop, 2013; Mitchell & Bradshaw, 2013; van Tartwijk & Hammerness, 2011; Woolfolk Hoy & Weinstein, 2006). Demgegenüber wird *reaktives* Verhalten von Lehrpersonen (wenn Handlungen also erst gesetzt werden, wenn Störungen bereits aufgetreten sind) von wissenschaftlicher Seite nicht nur als weniger effektiv für die Herstellung und Erhaltung einer produktiven Lernumgebung identifiziert, sondern auch als Verhalten, das sehr oft unerwünschte »Nebenwirkungen« mit sich bringt. So fanden etwa Ratcliff et al. (2011) und Romi, Lewis, Roache und Riley (2011) in Klassen von Lehrpersonen, die stark reaktiv mit Unterrichtsstörungen umgingen (bspw. ermahnen, laut werden/Schüler*innen anschreien, strafen, etc.), bei den Schüler*innen deutlich negativere Einstellungen gegenüber Schule, Lernen und Hausaufgaben; Mitchell & Bradshaw (2013), Romi et al. (2011) und Salkovsky et al. (2015) wiesen eine deutlich schlechtere Beziehungsqualität zwischen Lehrpersonen und Schüler*innen nach; und Clunies-Ross et al. (2008) zeigten eine deutlich reduzierte produktive Lernzeit im Unterricht.

Dies mag u. a. in einem ebenfalls von Clunies-Ross und Kolleg*innen (2008) berichteten, bemerkenswerten Detailergebnis begründet liegen, dass Rückmeldungen und Reaktionen von Lehrpersonen auf Schüler*innenleistungen oft positiv, auf Schüler*innenverhalten dagegen nahezu ausschließlich (!) negativ sind; es erscheint leicht nachvollziehbar, dass der Weg vom Störverhalten zur negativstrafenden Reaktion der Lehrperson zu negativen Emotionen auf beiden Seiten und den berichteten Auswirkungen auf Schüler*innenseite nur allzu leicht in einen »Teufelskreis« von negativen Reaktionen und Konter-Reaktionen führen kann (so auch beschrieben von Mainhard et al., 2015). Dies zu verhindern und Lehrpersonen mit präventivem Wissen und Können auszustatten, auch mit herausfordernden Situationen kompetent umzugehen, ist ein Hauptanliegen dieses Buches.

Der in Kapitel 3 (▶ Kap. 3) vorgestellte Ansatz der beziehungsorientierten Klassenführung integriert daher die aus den genannten Forschungsergebnissen als effektiv identifizierten präventiven und proaktiven Strategien der Lehrperson sowie Erkenntnisse zu beziehungsförderndem, situationsadäquatem Reagieren bei Problemen.

2.4 Klassenführung im Spannungsfeld zwischen Struktur (»Disziplin«) und Unterstützung (»Beziehung«)

Wenn es darum geht, Lernumgebungen produktiv und störungsfrei zu gestalten, stößt man bei Durchsicht der internationalen Literatur auf zwei wesentliche, einander bis zu einem gewissen Grad entgegenstehende Grunddimensionen, anhand derer sich Classroom Management beschreiben lässt (Bear, 2015): nämlich unterschiedliche Ausmaße an *Strukturgebung*[4] einerseits und *Beziehung/Unterstützung*[5] andererseits.

Unterschiedliche Auffassungen darüber, welches Gewicht diese beiden Dimensionen in ihrem Zusammenspiel bei der Klassenführung einnehmen sollten, sind bei näherem Hinsehen eng mit unterschiedlichen Erwartungen an »richtiges« Schüler*innenverhalten, mit unterschiedlichen Ansichten über die Verteilung von Einfluss

---

4 Engl.: *structure*; auch: *discipline* (Woolfolk Hoy & Weinstein, 2006); *demandingness* (Bear, 2015); *agency* (Wubbels et al., 2015).
5 Engl.: *support*, auch: *responsiveness* (Bear, 2015); *communion* (Wubbels et al., 2015); oder, allgemeiner, *relationship* (Pianta, 2006).

2.4 Klassenführung im Spannungsfeld zwischen Struktur und Unterstützung

und Rollen in Schule und Unterricht und deren genereller gesellschaftlicher Aufgabe verbunden (siehe auch Fries & Cochran-Smith, 2006). Während diese hier nicht im Detail wiedergegeben werden sollen, lohnt doch ein Blick auf einige Erklärungsmodelle der beiden Grunddimensionen »Disziplin/Struktur« und »Wärme/Beziehung«, um im Anschluss deren Zusammenspiel in verschiedenen theoretischen Modellen und Handlungsempfehlungen zu erfolgreicher Klassenführung offenzulegen.

2.4.1 Wahrnehmungen von Disziplin und ihrer Rolle bei der Klassenführung

Wie Emmer und Sabornie gerade 2015 wieder hervorhoben, wird unter Klassenführung nach wie vor häufig Schüler*innendisziplin im Unterricht verstanden. Während diese Sichtweise der Vielgestaltigkeit von Klassenmanagement und den Forschungserkenntnissen der letzten Jahre sicherlich nicht (mehr) gerecht wird, finden sich Elemente der Kernidee, Disziplin im Unterricht herzustellen und aufrechtzuerhalten, um so eine produktive Lernumgebung sicherzustellen, sicherlich in den meisten Modellen von Klassenführung, wenn auch nicht immer explizit (Bear, 2015). Meistens bleibt allerdings offen, was unter Disziplin im Unterricht nun eigentlich genau verstanden werden kann. Dieser Frage widmeten sich die Forscher Johnson, Whitington und Oswald, die 1994 aus einer Untersuchung von über 3500 australischen Lehrer*innen aus Primar- und Sekundarstufe vier Grundhaltungen gegenüber schulischen Interaktionen ermittelten, die sich stark an Kurt Lewin's Führungs- und Erziehungsstilmodellen orientieren. Tabelle 1 gibt einen Überblick über diese vier Grundorientierungen.

Tab. 1: Überblick über vier Grundorientierungen schulischer Disziplin

	Traditionell	Liberal-Progressiv	Sozialkritisch	Laissez-faire
Sicht auf erwünschtes Schüler*innen-Verhalten	sich an Anweisungen halten, Regeln befolgen. Autorität von außen und Ungleichgewicht von Macht akzeptieren.	Miteinander kooperieren; Konfliktsituationen durch Verhandlungen und Kompromisse lösen. Demokratische Prozesse anwenden. Persönliche Verantwortung akzeptieren und übernehmen.	Ungleichheiten, undemokratische Machtverhältnisse und Repression hinterfragen. Rechte schwächerer Gruppen schützen. Für soziale Gerechtigkeit zusammenarbeiten.	Selbst-Aktualisierung; innere Harmonie; wirkliche Selbstdisziplin
Warum Schüler*innen sich so verhalten sollten	Ordnung ist essentiell für akademisches Lernen. Bereitet S/S auf hierarchisch strukturierte Arbeitswelt vor. Respekt für Recht und Ordnung ist zentral für gesellschaftliche Stabilität.	Soziale Kompetenzen sind notwendig für eigenes Leben und Zusammenleben in einer Gemeinschaft. Verhandeln von Zielen und Konfliktlösung als notwendige Fähigkeiten für funktionierende demokratische Teilhabe.	Zusammenarbeit wird gebraucht, um repressive schulische Rahmenbedingungen und Praktiken zu hinterfragen. Bereitet S/S auf moralisch richtiges Handeln in der Gesellschaft vor.	Jede/r braucht Freiheit und persönliche Erfüllung.
Annahmen über die grundgelegte »Natur« von Kindern	Alle Kinder haben die Tendenz zu Fehlverhalten, wenn sie nicht von äußeren Kräften (Erwachsenen) reguliert und an Fehlverhalten gehindert werden.	Kinder sind von Natur aus gut. Soziale Kompetenz wird sich in einer entsprechend förderlichen Umgebung auf natürliche Weise entwickeln.	Kinder sind weder gut noch böse. Ihr Verhalten wird durch spaltende, undemokratische soziale Machtausübung negativ beeinflusst.	Kinder sind von Natur aus gut. Kinder können Selbst-Aktualisierung erreichen, wenn ihnen Wahlmöglichkeiten gegeben werden und die Frei-

— 2.4 Klassenführung im Spannungsfeld zwischen Struktur und Unterstützung

Tab. 1: Überblick über vier Grundorientierungen schulischer Disziplin – Fortsetzung

	Traditionell	Liberal-Progressiv	Sozialkritisch	Laissez-faire
Rolle der Lehrperson	Die zentrale Schulautorität in Disziplinfragen unterstützen. Für Einhaltung schulischer Regeln und Rahmenbedingungen sorgen.	Klassenaktivitäten organisieren, die S/S zur Entwicklung ihrer sozialen und kollaborativen Fähigkeiten anleiten. Entscheidungen gemeinsam mit verantwortungsvollen S/S treffen.	Verantwortlichkeiten und Rollen mit S/S aushandeln. Demokratische Strukturen und Machtaufteilung unterstützen. In gemeinschaftlichen Disziplinfragen als Moderator*in und Ressource für die S/S agieren. Hierarchien auf Basis von Status oder Macht ablehnen.	heit, diese zu nutzen. Anregende Lernumgebungen zur Verfügung stellen. Auf S/S-Interessen abgestimmte Wahlmöglichkeiten anbieten. Meinungs- und Wahlfreiheit betonen. Hierarchien auf Basis von Status oder Macht ablehnen.
Rolle der Eltern	Schulische Autorität und Disziplin akzeptieren, unterstützen und einfordern (Kleidung, Anwesenheit, Hausübungen etc.).	Unterstützung von und Teilnahme an demokratischen Entscheidungsprozessen gemeinsam mit S/S und Lehrpersonen. Verhandlungen und Zusammenarbeit bei Problemlösungen unterstützen. Strafende Formen von Disziplin ablehnen.	Unterstützung von und Teilnahme an demokratischen Entscheidungsprozessen gemeinsam mit S/S und Lehrpersonen. Unterstützung gemeinschaftlicher Bewegungen und sozialer Gerechtigkeit zur Überwindung von Ungerechtigkeiten (-> wahrer Grund von S/S-Unzufriedenheit).	Die Schule bei der Schaffung einer freien Lernumgebung unterstützen.

Tab. 1: Überblick über vier Grundorientierungen schulischer Disziplin – Fortsetzung

	Traditionell	Liberal-Progressiv	Sozialkritisch	Laissez-faire
Verteilung von Macht und Einfluss	Macht wird von Erwachsenen in formalen Autoritätspositionen ausgeübt. Autoritätshierarchie mit S/S auf unterster Stufe.	Macht ist zwischen allen Beteiligten aufgeteilt – Verhandlung statt Machtausübung als Basis. Jede/r Einzelne hat Macht.	Gruppen haben die Macht. Macht aus Gruppen darf ausgeübt werden, um Ungleichheiten entgegenzutreten.	Jede/r Einzelne hat Macht; Macht der Wahlfreiheit. Ablehnung der Macht Anderer, die kontrollieren oder bestimmen wollen.
deklarierte Stärken des Ansatzes	Klare und explizite Erwartungen und Regeln. Vorhersehbar, praktisch. Breite Unterstützung in Gesellschaft.	Demokratisch, vernünftig, human, führt zu zwischenmenschlicher Harmonie. Unterstützt von sozial orientierten Berufen.	Emanzipatorisch und reformorientiert. Erlaubt komplexe Analyse von Fehlverhalten. Basierend auf Prinzipien von Demokratie und sozialer Gerechtigkeit.	Respektiert menschliche Würde und Freiheit. Fördert Selbstdisziplin und psychisches Wohlbefinden.
Häufige Kritikpunkte	Autoritär, repressiv, nicht zeitgemäß in kollaborativer Gesellschaft; fördert Konformität. Lehrt keine Selbstdisziplin. Unflexibel und mechanistisch.	Es fehlen Struktur und Richtung. Schwierig zu implementieren. Bereitet S/S nicht für Leben in hierarchisch strukturierter Gesellschaft vor. Fokussiert auf Einzelne statt sozio-politischer Zusammenhänge von Verhalten.	Idealistisch, unpraktisch; gibt keine Hilfestellung im Umgang mit alltäglichem Fehlverhalten. Basiert auf Austausch zu sozialen Konflikten. Zu radikal, um breite Zustimmung in Familien zu finden.	Sozial unverantwortlich. Fokussiert auf Einzelne statt soziopolitischer Zusammenhänge von Verhalten. Gibt S/S nicht die notwendige Struktur und Anleitung. Mystisch und romantisch.

2.4 Klassenführung im Spannungsfeld zwischen Struktur und Unterstützung

Tab. 1: Überblick über vier Grundorientierungen schulischer Disziplin – Fortsetzung

	Traditionell	Liberal-Progressiv	Sozialkritisch	Laissez-faire
Vertreter*innen	Canter & Canter; Skinner	Gordon, Dreikurs, Glasser	Foucault	Rogers[6]

Anmerkungen: S/S = Schüler*innen. Quelle: Woolfolk Hoy & Weinstein, 2006, S. 196f.; Original von Johnson et al., 1994. Übersetzung und geringfügige Adaptionen durch die Autorin.

Wie Tabelle 1 veranschaulicht, betonen so genannte *traditionell* orientierte Lehrpersonen die Wichtigkeit von Regeln, Struktur und Akzeptanz von Autorität als Voraussetzung für effektives schulisches Miteinander. Dies beinhaltet einen gewissen Grad an Gehorsam von Seiten der Schüler*innen (Johnson et al., 1994, S. 265ff.). Kontrolle und Steuerung (auch im Rahmen von Klassenführung) liegen bei dieser Haltung gänzlich in der Hand der Lehrperson, was mit unterschiedlichen Rollen und Verantwortlichkeiten im System Schule begründet wird. Arbeit mit Regeln und deren Einhaltung v. a. über Belohnungs- und Bestrafungsmechanismen werden in- und außerhalb des Klassenzimmers zur Lenkung von Verhalten in die gewünschte Richtung genutzt. Als Stärken dieses Ansatzes werden die hohe Klarheit der Anforderungen und Erwartungen genannt, ebenso erfülle die Schule damit die ihr von außen zugetragene Verantwortung der Ausbildung von Schüler*innen zu funktionierenden Mitgliedern einer Gesellschaft, in der Hierarchie, Regeln und Leistungsorientierung allgegenwärtig sind. Neben fehlender Förderung der Selbstkompetenz und -verantwortung der Schüler*innen wird der Ansatz primär auch dafür kritisiert, der modernen Schulrealität, in der Disziplin und Autorität in der Wahrnehmung vieler Schüler*innen kaum mehr eine Rolle spielen,

---

6 Diese Zuordnung der Autoren von Carl Rogers zum laissez-faire-Ansatz ist meiner Ansicht nach zu hinterfragen; möglicherweise liegt sie in einem stark vereinfachten Verständnis seiner personenzentrierten Ansicht von zwischenmenschlichem Austausch und von Beziehungsprinzipien begründet.

nicht gerecht zu werden (Johnson et al., 1994; Woolfolk Hoy & Weinstein, 2006).

Dem traditionellen Ansatz gewissermaßen gegenüber steht die von Johnson et al. (1994) als *liberal-progressiv* bezeichnete Orientierung, die die Entwicklung von Selbstregulation und Selbstverantwortung in der Begegnung mit Disziplinfragen in den Vordergrund stellt. Statt hierarchischer Strukturen werden kooperative und demokratische Prozesse als wichtig angesehen. Kontrolle und Steuerung liegen damit bei Lehrpersonen und Schüler*innen gleichermaßen, Schüler*innen sollen Verantwortung für ihr eigenes Handeln übernehmen und im Schulumfeld kommunikative und soziale Kompetenzen erwerben und ausbauen. Fürsprecher*innen dieser Haltung sehen ihre Stärken unter anderem in ihrer klaren Schüler*innenorientierung und der Ausbildung zentraler Lebenskompetenzen wie Kompromissfähigkeit und Demokratieorientierung. Kritiker*innen sehen den Ansatz als zu »weich«, als im System Schule schwierig umsetzbar und als nicht geeignet, um Schüler*innen auf eine – letztlich – hierarchisch strukturierte Leistungsgesellschaft vorzubereiten.

Die genannten Ansichten werden durch zwei weitere ergänzt, die – im Falle der *sozialkritischen* Orientierung – Disziplinfragen betreffend ein Überdenken des repressiven Systems Schule als Thema für Lehrende und Lernende gleichermaßen als zentral ansehen sowie – im Falle der *laissez-faire*-Orientierung – eine interessensgeleitete Selbststeuerung des Lernens durch die Schüler*innen fordern, wie sie in alternativen Beschulungssystemen wie jenen nach A.S. Neill umgesetzt werden.

Während die Autoren bei vielen der befragten Lehrpersonen auch Mischformen der Ansichten fanden, vertrat doch etwa 70 % ihrer Stichprobe im Sekundarbereich eine traditionelle Haltung gegenüber schulischer Disziplin, im Primarbereich etwa ein Drittel, vom verbleibenden Anteil entfiel der überwiegende Teil jeweils auf die liberal-progressive Haltung. Sicherlich geben die Daten den Status Quo vor gut 25 Jahren wieder, und es ist anzunehmen, dass seitdem die liberalen und sozialkritischen Orientierungen zugenommen haben. Dennoch können die Befunde von Johnson et al. als beeindruckender Beleg dafür dienen, dass besonders im Sekundarbereich, also in jenen Schulen, die gleichzeitig das primäre Umfeld der heranwachsenden Lehrer*innengenerationen darstellen, traditionelle Haltungen gegenüber Disziplin, Rollen von Lehrenden und Lernenden und Verhaltenserwartungen stark vertreten sind.

2.4.2 Wahrnehmungen der Beziehung zwischen Lehrenden und Lernenden und ihrer Rolle in der Klassenführung

Die Bedeutung der Beziehungsqualität zwischen Lehrpersonen und ihren Schüler*innen für zentrale schul- und unterrichtsrelevante Erfolgskriterien wie Qualität von Unterricht, Gesundheit und Wohlbefinden von Lehrenden und Lernenden sowie die Schüler*innenleistung ist international vielfach belegt (im Überblick siehe Cornelius-White, 2007; Riley, 2011; Woolfolk Hoy & Weinstein, 2006; Wubbels et al., 2015). Spätestens seit der Metaanalyse von Cornelius-White 2007, in der er die Effekte der Lehrer*innen-Schüler*innen-Beziehung aus 229 empirischen Studien und mehr als 355.000 Einzeldaten analysierte und der von ihm berichtete mittlere Effekt ($d = 0.72$)[7] in der bekannten Studie »Visible Learning« von John Hattie (2009) in den »Top 3« jener Faktoren der Lehrperson zu finden war, die die Schüler*innenleistung am meisten beeinflussen, ist die Bedeutung der Beziehungsqualität zwischen Lehrenden und Lernenden im Unterricht unumstritten[8].

---

7 Erklärungen des Begriffes »Metaanalyse« und der Bedeutung des Maßes »Cohen's d« finden sich im ersten Kapitel (▶ Kap. 1).

8 Umso erstaunlicher scheint es, dass die Beziehungsqualität (oder auch jene Kompetenzen von Lehrpersonen, die mit der Entstehung und Aufrechterhaltung von Beziehungen zu und zwischen Schüler*innen zu tun haben) auch knapp 15 Jahre nach den Publikationen von Cornelius-White und Hattie keinen Eingang in namhafte Modelle von Lehrer*innenkompetenz des deutschsprachigen Raums gefunden haben.

Gleiches gilt für die Klassenführung, für die eine Vielzahl von Forschungsergebnissen die Bedeutsamkeit der Beziehungsqualität so eindrucksvoll belegen (vgl. zusammenfassend z. B. Riley, 2009, 2011; Montuoro & Lewis, 2015; Woolfolk Hoy & Weinstein, 2006; Wubbels et al., 2015), dass alternative Sichtweisen auf Klassenführung, insbesondere aus dem amerikanischen Sprachraum, diese oft überhaupt mit einer tragfähigen Lehrer*innen-Schüler*innen-Beziehung gleichsetzen (im Überblick Pianta, 2006).

Was macht nun also eine gute Beziehung zwischen Lehrenden und Lernenden aus, woran lässt sich diese beschreiben und festmachen?

Bei Cornelius-White (2007, S. 113) wird die Qualität der Lehrer*innen-Schüler*innen-Beziehung vor allem durch die Roger'schen Dimensionen *Empathiefähigkeit und Verständnis*, unbedingte *Wertschätzung, Wärme, Echtheit, Nicht-Direktivität* (d. h. schüler*innenzentrierte und selbstgesteuerte Aktivitäten) sowie der *Förderung kritischen und reflexiven Denkens* (statt Auswendiglernen) konstituiert. Darüber hinaus betont er *konstruktive Unterstützung*, das *Erleben eigener Kontrolle* (z. B. über den Lernprozess) und *kollaboratives Arbeiten* unter *angstfreien, vertrauensvollen Bedingungen* als wichtig für die Beziehungsqualität und (damit unmittelbar verbunden) den Lernertrag. Diese Dimensionen werden in Kapitel 3 (▶ Kap. 3) wieder aufgegriffen und näher erläutert, wenn es darum geht, tragfähige Beziehungen zu Schüler*innen und zwischen Schüler*innen aufzubauen und zu erhalten.

Theoretisch stützen sich dieser und ähnliche einflussreiche Ansätze zur Lehrer*innen-Schüler*innen-Beziehung (beispielsweise auch jene von Pianta, 2006 oder Wubbels et al., 2015) meist auf die *Bindungstheorie* nach John Bowlby (1982, 2018). Eines deren Grundpostulate besagt, dass verlässliche und vertrauensvolle Beziehungen, die eine Auseinandersetzung mit der Umwelt von einer stabilen, sicheren Basis aus ermöglichen, die Grundlage für gesunde sozio-emotionale Entwicklung und auch für positive »innere Arbeitsmodelle« für die allgemeine Beziehungsgestaltung mit Mitmenschen über den Lebensverlauf darstellen. Nach Ansicht vieler

2.4 Klassenführung im Spannungsfeld zwischen Struktur und Unterstützung

Forscher*innen (z. B. Montuoro & Lewis, 2015; Pianta, 2006; Riley, 2009, 2011; Wubbels et al., 2015) kann diese Grundannahme auch auf die Beziehung zwischen Lehrer*innen und Schüler*innen und deren Gestaltungsprinzipien übertragen werden. Aus den Bowlby'schen Grunddimensionen ergibt sich eine Beziehung zwischen Lehrenden und Lernenden, die durch Wärme, emotionale und praktische Unterstützung, Akzeptanz und Sensitivität einerseits gekennzeichnet ist (»support«) und andererseits durch Orientierungshilfen, Struktur und hohe Erwartungen (im Sinne von Vertrauen in die Fähigkeiten des Gegenübers; »structure«; vgl. auch Bear, 2015; Pianta, 2006).

Gleichzeitig betonen Vertreter*innen solcher beziehungsorientierten (Pianta, 2006) und interpersonalen (Wubbels et al., 2015) Ansätze auf Basis ihrer Forschungsergebnisse die Rolle der *gegenseitigen Beeinflussung* von Lehrpersonen und Schüler*innen vs. klassischer Ansätze, die die Lehrperson primär als Akteur*in und die Schüler*innen als »Empfänger*innen« von Klassenführung ansehen.

Die praktische Bedeutung dieser auf den ersten Blick vielleicht banal anmutenden Beobachtung der gegenseitigen Beeinflussung von Lehrenden und Lernenden für Schule und Unterricht wird am besten durch einige Detailergebnisse aus der Forschung veranschaulicht.

So konnten Ratcliff und Kolleg*innen (2010) zeigen, dass das eigene on-task-Verhalten von Lehrpersonen (d. h. beim Thema bleiben, Unterrichtszeit effizient für tatsächliche Unterrichtsaktivitäten nutzen, sich nicht ablenken lassen u. a.) signifikant mit dem on-task-Verhalten ihrer Schüler*innen zusammenhing. In derselben Studie zeigte sich, dass die effektiv für Lernen verwendete Unterrichtszeit für beide Seiten umso geringer wurde, je mehr Zeit Lehrpersonen auf die Kontrolle von Schüler*innenverhalten aufwandten – ein Ergebnis, das wohl jede/r Praktiker*in bestätigen kann.

Wubbels und Kolleg*innen (2015) berichten darüber hinaus, dass Verhalten, das Kontrolle, Beeinflussung und Macht ausdrückt, (auf Lehrpersonen- wie auf Schüler*innenseite) fast immer widersetzendes Verhalten nach sich zieht (zurückreden, Aggressivität, sich Aufgaben entziehen, negative Emotionen), während Verhalten, das Gemeinschaft und Zusammenhalt in den Vordergrund stellt, dieselben Verhaltensweisen beim Gegenüber befördert. Eindrucksvolle Ergebnisse hierzu berichten auch Mainhard und Kolleg*innen (2011) und Mitchell & Bradshaw (2013), die beide fanden, dass Lehrpersonen, die in ihrem Unterricht auf Verhaltenskontrolle durch Steuerung von außen (Belohnung/Bestrafung, Unterdrückung von Verhalten) und auf Druck/Zwang setzten, sich mit signifikant höheren Aggressionen und »rebellischem« Schüler*innenverhalten konfrontiert sahen, während die Schüler*innen sie gleichzeitig als deutlich weniger (!) einflussreich wahrnahmen als Lehrpersonen, die einen kooperativen Lehrstil verfolgten.

Zusammenfassend könnte man also sagen: Je mehr Unterrichtszeit Lehrpersonen mit Zurechtweisungen verbringen, desto weniger Einfluss schreiben ihnen Schüler*innen zu und desto weniger wird produktiv gearbeitet. So deutet die Forschung eindeutig in Richtung eines »Kreismodells« für Interaktionen zwischen Lehrpersonen und Schüler*innen (Mainhard et al., 2011), das sowohl für die Gestaltung der Beziehung als auch für die Klassenführung relevant ist.

2.4.3 Resultierende Grundorientierungen gegenüber Klassenführung: zwischen Kontrolle und Beziehung

Auf Basis der oben berichteten Ergebnisse erscheint es wenig überraschend, dass in der zeitlichen Entwicklung der Forschung zum Classroom Management jene Ansätze, die von außen (also von der Lehrperson) ausgeübte Kontrolle von Schüler*innenverhalten bevorzugten, nach und nach Ansätzen, die die Selbstkompetenz von Schüler*innen und die Rolle von Beziehungen zwischen Lehrenden und Lernenden in den Vordergrund stellen, gewichen sind (vgl. etwa Bear, 2015; Brophy, 2006; Wubbels, 2011).

2.4 Klassenführung im Spannungsfeld zwischen Struktur und Unterstützung

Wie oben dargestellt, ist es darüber hinaus u. a. abhängig von den eigenen Grundüberzeugungen in Bezug auf Disziplinfragen generell (Johnson et al., 1994; Woolfolk Hoy & Weinstein, 2006), der daraus resultierenden Vorstellung von Schüler*innenverhalten sowie von Beziehungsdynamiken in Schule und Unterricht, welche Herangehensweise an Klassenführung gewählt wird.

Der holländische Forscher Theo Wubbels (2011) hat zur Systematisierung von Ansätzen der Klassenführung einen hilfreichen Weg vorgelegt, indem er sämtliche in der modernen Forschungsliteratur angetroffene Strategien erfolgreichen Classroom Managements sammelte und diese in insgesamt sechs Grundorientierungen strukturierte, die nachfolgend vorgestellt werden[9]. Jede Grundorientierung wird dabei kurz charakterisiert, bevor Tabelle 2 (▶ Tab. 2) die konkreten Strategien der Klassenführung und Beziehungsgestaltung jeder Grundorientierung darstellt.

Die *behaviorale* Herangehensweise (*behavioral approach*; auch: *applied behavior analysis*, Landrum & Kauffmann, 2006, nach Emmer & Sabornie, 2015b) sieht sich, wie der Name schon sagt, in behavioristischen Prinzipien der Verhaltensänderung verwurzelt und fokussiert auf die Lenkung von Schüler*innenverhalten in eine erwünschte Richtung (also Aufbau von erwünschtem Verhalten und Abbau von unerwünschtem Verhalten) über Einsatz von Kontrollmechanismen von außen, wie positiver und negativer Verstärkung, Löschung und Bestrafung (im Detail ▶ Tab. 2). Dabei betont der Ansatz aber auch den hohen Stellenwert klarer Regeln und Erwartungen sowie jenen der Steuerung von Schüler*innenverhalten mit positiven Mitteln (d. h., eine Fokussierung auf erwünschtes Verhalten anstatt auf die Vermeidung von unerwünschtem Verhalten) und die Wichtigkeit, Schüler*innen schrittweise zu Selbsteinschätzung,

---

[9] Wubbels (2011) zufolge konnten interessanterweise keine bedeutsamen länder- oder kulturspezifischen Unterschiede oder zusätzliche Herangehensweisen an Klassenführung im internationalen Vergleich identifiziert werden. Er schließt daraus, dass unterschiedliche Umsetzungen von Klassenführung eher durch persönliche und lokale Umstände bedingt sind als durch kulturelle oder regionale Unterschiede.

Selbstanleitung und Selbstkontrolle hinzuführen. Konkrete Strategien beinhalten die Arbeit mit positiven Verstärkern wie Lob, Belohnungen und expliziter Wertschätzung, aber auch Modellverhalten der Lehrperson, Regelarbeit sowie kontinuierliches Feedback mit dem Ziel einer immer besseren selbstgesteuerten Verhaltensregulierung durch die Lernenden (Brophy, 2006; Wubbels, 2011).

Ansätze, die hingegen die *internale Kontrolle durch die Lernenden* ins Zentrum stellen, sehen die Schüler*innen als die wichtigsten Akteur*innen, wenn es darum geht, ihr eigenes Verhalten zu steuern; insofern fokussiert diese Sichtweise auf intrinsische[10] Motivation, selbstkompetente Verhaltenssteuerung, soziales und emotionales Lernen sowie auf Autonomie und Gemeinschaftssinn. Umgesetzt wird dies über bewusste Förderung der Schüler*innenselbst- und -fremdwahrnehmung und ihrer Reflexionsfähigkeit, über eine warme Lehrer*innen-Schüler*innen-Beziehung bei gleichzeitigen transparenten und fairen Grenzen und gemeinsame Problemlösung und Verantwortungsübernahme (Wubbels, 2011). Dieser Ansatz erinnert an die liberal-progressiven und laissez-faire-Orientierungen gegenüber Disziplin von Johnson et al. (1994).

Der dritte von Wubbels (2011) identifizierte Ansatz der Klassenführung ist der *ökologische Ansatz* (Doyle, 2006), welcher auf die Lernumgebung und deren bewusste Gestaltung als »Lebensraum« von Schüler*innen und Lehrpersonen fokussiert (daher die Bezeichnung »ökologisch«). Diese Sichtweise setzt auf die Gestaltung einer produktiven Lernumgebung über den Einsatz bekannter, primär präventiver Strategien der Klassenführung wie Reibungslosigkeit und Schwung, bewusste Gestaltung von Übergängen und effizienter Nutzung der Unterrichtszeit (*time on task*) mit dem Ziel deren Maximierung. Dies geschieht vor klar kommunizierten, zu Beginn des Schuljahres eingeführten Regeln und mit Hilfe Kounin'scher Fertigkeiten wie »*momentum*« (Schwung, Fluss und eigene

---

10 *Intrinsische Motivation* liegt vor, wenn aus Interesse an der Sache selbst und nicht aus Gründen äußerer Anreize (= extrinsische Motivation) gelernt wird

2.4 Klassenführung im Spannungsfeld zwischen Struktur und Unterstützung

Konzentration auf das Thema), »*overlapping*« (Überlappung mehrerer Aktivitäten, z. B. Nutzung von Einzelarbeitsphasen zum Austeilen des nächsten Arbeitsschrittes, Vermeidung von Stehzeiten) oder »*withitness*« (Allgegenwärtigkeit und Aufmerksamkeit bezogen auf Schüler*innenaktivitäten). Durch die Herstellung und Aufrechterhaltung einer solch produktiven Lernumgebung können Störungen und die Notwendigkeit, Unterrichtszeit für deren Beseitigung aufzuwenden, so klein wie möglich gehalten werden (Doyle, 2006; Kounin, 2006; Piwowar, 2014; Wubbels, 2011).

Der ökologische Ansatz (und Variationen davon) erfreut sich aktuell insbesondere in der deutschsprachigen Literatur und Forschung großer Beliebtheit, stellt er doch augenscheinlich eine Brücke zwischen den oft starren Voraussetzungen des Schulsystems (z. B. fixe Stundenpläne, eingeschränkte Flexibilität, Lehrer*innenzentrierung, Leistungsorientierung) und dem Ziel der Schüler*innenzentrierung modernen Unterrichts dar. Zusätzlich benennt er klar umrissene Komponenten, die relativ gut beobachtet und gemessen werden können, was ihn für einen Einsatz in der Forschung zu Klassenführung prädestiniert (siehe z. B. Kunter et al., 2011; Ophardt & Thiel, 2013; Piwowar, 2014).

Der vierte von Wubbels (2011) identifizierte Zugang zur Klassenführung ist der sogenannte *diskurszentrierte* (*discourse-centered*) *Ansatz*, welcher besonderes Gewicht auf die konstruktive, gewaltfreie Kommunikation zwischen Lehrpersonen und Schüler*innen und zwischen Schüler*innen untereinander legt. Er verbindet Elemente des ökologischen Ansatzes (z. B. klare Regeln und Abläufe) mit interpersonalen Elementen (starke Beziehungsorientierung). Klassenführung wird dabei als interaktiver und konstruktivistischer[11] Prozess gesehen, der über positive Kommunikation eine gemeinsame,

---

11 Konstruktivismus = pädagogische Strömung, deren zentrale Annahme ist, dass Lernende sich über die aktive, möglichst vielfältige Auseinandersetzung mit einem Lerngegenstand ihr eigenes, individuelles Verständnis von der Wirklichkeit schaffen, beeinflusst u. a. durch Vorwissen, Erfahrungen etc.

für alle förderliche Lernumgebung herstellen möchte. Eingesetzte Mittel beinhalten z. B. aktives Zuhören, das Stellen geeigneter, zum Mitdenken anregender offener Fragen, die Thematisierung des sozialen Miteinanders in der Klasse und ähnliches mehr (▶ Tab. 2 für eine vollständige Aufstellung der assoziierten Strategien und Techniken).

Der *curriculare Ansatz* der Klassenführung fokussiert darauf, Unterrichtsfluss und Schwung durch mitreißende thematische Auswahl, Lebenswelt- und Schüler*innenorientierung herzustellen. Echtes Interesse und intrinsische Fach- und Sachmotivation sollen dadurch bei den Schüler*innen geweckt und aufrecht erhalten werden, Störverhalten durch eben dieses intrinsische Interesse, die gemeinsame Sachorientierung und Konzentration auf die Lösung spannender, alltagsrelevanter Probleme minimiert werden (Klaassen, 1995; Hickey & Schafer, 2006 nach Wubbels, 2011). In diesem Ansatz, der als der »eleganteste« Weg zur störungsfreien, produktiven Lernumgebung gesehen werden kann (welche Lehrperson wünscht sich nicht, dass alle Schüler*innen so gefesselt vom Unterrichtsgegenstand sind, dass schon von vornherein keine Störungen auftreten), kommt auch Merkmalen wie dem Enthusiasmus und dem Fach- sowie dem didaktischen Wissen der Lehrperson besondere Bedeutung zu.

Der sechste und letzte von Wubbels (2011) identifizierte Zugang zu Klassenführung ist der sogenannte *interpersonale Ansatz (interpersonal approach)*, der auf die Herstellung und Erhaltung konstruktiver Beziehungen zwischen Lehrer*innen und Schüler*innen als Basis für Zusammenarbeit im Klassenzimmer fokussiert. Der Ansatz greift dabei auf dieselben Prinzipien von Führungs- und Erziehungsstilen nach Lewin zurück, die auch von Johnson und Kolleg*innen (1994) für ihre Beschreibung der Orientierungen gegenüber Disziplin verwendet wurden (▶ Tab. 1). Nach diesem Ansatz kann erfolgreiches Klassenmanagement dann entstehen, wenn es gelingt, eine tragfähige Lehrer*innen-Schüler*innen-Beziehung herzustellen, die ebenso hohe Kontrolle wie auch hohe Kooperation/Wärme aufweist (im Detail siehe Wubbels, 2011, S. 118f.).

2.4 Klassenführung im Spannungsfeld zwischen Struktur und Unterstützung

Tab. 2: Ansätze der effektiven Klassenführung und assoziierte Strategien von Lehrpersonen

Ansatz	Assoziierte Strategien und Handlungen
Behavioral	• Genaue Beobachtung und Analyse von Schüler*innen-Verhalten • Schüler*innen-Verhalten loben und belohnen • Offenlegen, wie Belohnungen u. ä. erreicht werden können • Verstärker unerwünschten Schüler*innen-Verhaltens beseitigen • Unerwünschtes Schüler*innen-Verhalten bestrafen • Erwünschtes Verhalten modellieren • Verstärkung durch Belohnungssysteme wie Punkte, Sticker etc. • Shaping (Formung) von Verhalten durch schrittweise Annäherung (= *intermittierende* Verstärkung) • Löschung (= Nicht-Verstärkung) von Verhalten • Erwünschtes Verhalten bewusst verstärken • Möglichkeiten zum Abbau von Spannung und Aufregung schaffen • Auszeiten ermöglichen • Selbstmanagement, eigene Zielsetzungen, Selbstkontrolle und Selbstbestärkung fördern
Internale Kontrolle	• Sozio-emotionale Kompetenzen lehren • Vertrauensvolle, tragfähige Beziehungen aufbauen • Setzung von klaren und fairen Grenzen für Schüler*innen-Verhalten • Verantwortung mit Schüler*innen teilen • Entscheidungen nachvollziehbar und logisch begründen • Entscheidungen mit gemachten Beobachtungen verknüpfen • Gründe für Entscheidungen erklären • Schüler*innen dabei unterstützen, auf Sach- statt Machtebene zu argumentieren und beides voneinander zu unterscheiden • Ziele und Gründe von Aktivitäten, Unterrichtsschritten etc. konsequent erklären • Konstruktive und förderliche Rückmeldung geben (auf Verhalten statt auf die Person bezogen) • Bei Rückmeldungen Bloßstellungen und Gesichtsverlust vermeiden • Respekt füreinander zeigen • Schüler*innen persönlich (be)grüßen und willkommen heißen
Ökologisch	• Klassenroutinen, Rituale und gleichbleibende Abläufe entwickeln • Zu Schuljahresbeginn klare Regeln einführen und für deren Einhaltung sorgen • Reibungslose Übergänge zwischen Unterrichtsphasen gewährleisten

2 Klassenführung auf der Sekundarstufe

Tab. 2: Ansätze der effektiven Klassenführung und assoziierte Strategien von Lehrpersonen – Fortsetzung

Ansatz	Assoziierte Strategien und Handlungen
	• Klare Stoppsignale geben • Reaktionen auf Störungen leise und möglichst kurz halten (z. B. durch Blickkontakt, physische Nähe oder nonverbale Signale) • Bei Reaktionen auf Störungen vertraulich vorgehen und ohne den Unterrichtsfluss dafür zu unterbrechen • »Allgegenwärtigkeit« zeigen • Aufmerksamkeit gleichzeitig bei mehreren Aspekten des Unterrichts haben (z. B. Störung nonverbal beenden, gleichzeitig den Vortrag weiterführen; = »*overlapping*«/Gleichzeitigkeit) • Signalisieren, dass Störungen wahrgenommen werden und eine Übertretung der vereinbarten Regeln darstellen • Wichtige Aufgaben und Regeln wiederholen und Schüler*innen daran erinnern • Klare Übergänge zwischen Unterrichtsphasen schaffen (z. B. zwischen Gruppenarbeitsphase und neuem Input) • Oft und konsequent wichtige Punkte für die ganze Klasse/ Gemeinschaft zusammenfassen • Sich im Raum/ zwischen Sitzplätzen bewegen • Schüler*innen Zeitstrukturen und Deadlines geben • Schüler*innen in Unterstützung oder Hilfe für Andere einbeziehen, wenn LP selbst noch mit anderem beschäftigt ist • Überblick über die Unterrichtsstunde kommunizieren bzw. anschreiben
Diskurszentriert	• Schüler*innen und ihren Argumenten aktiv zuhören • Schüler*innen untereinander zuhören • Schüler*innen Zeit geben, neue Umgangsformen miteinander einzuüben und zu praktizieren • Eigene Einstellungen und Wahrnehmungen gegenüber Schüler*innen bewusst in Frage stellen, u. a. über deren Beobachtung in untypischen Situationen • Selbst kommunikative und partizipative Methoden wählen, um auch Schüler*innen mit Herausforderungen und Schwierigkeiten im sozialen Bereich in Klassenaktivitäten einzuschließen • Aufmerksam auf »Stolpersteine« in der eigenen Kommunikation sein, die Unterrichtsgespräche beeinträchtigen können (z. B. geeignete/offene Fragen stellen vs. nach bestimmten Antworten »fischen«)

2.4 Klassenführung im Spannungsfeld zwischen Struktur und Unterstützung

Tab. 2: Ansätze der effektiven Klassenführung und assoziierte Strategien von Lehrpersonen – Fortsetzung

Ansatz	Assoziierte Strategien und Handlungen
	◆ Erinnerung der Schüler*innen an getroffene Vereinbarungen wachrufen ◆ Mit Schüler*innen Kompromisse aushandeln, dabei gleichzeitig ihre Sichtweisen und Bedürfnisse respektieren und wertschätzen ◆ Fragetechniken variieren ◆ Eskalation von Konflikten über Kommunikation verhindern
Curricular	◆ Fachinteresse von Schüler*innen wahrnehmen und fördern ◆ Leistungsstärkeren Schüler*innen Aufgaben geben, deren Lösung für sie tatsächlich eine Herausforderung darstellt ◆ Mit realen Problemen und Methoden arbeiten ◆ Bei der Unterrichtsplanung sowohl Inhalt als auch Lernprozess mitbedenken ◆ Für Methodenvielfalt und Abwechslungsreichtum beim Lernen sorgen ◆ Eine klare Struktur der Unterrichtsstunde herstellen ◆ Den Lernfortschritt häufig und vielfältig überprüfen ◆ Lernzielüberprüfungen, Tests usw. schnell, aufmerksam und genau korrigiert zurückgeben ◆ Verständnisprobleme aus Vorstunden wieder aufgreifen und lösen
Inter- personal	◆ Nonverbale Präsenz- und Stoppsignale einsetzen (Gesten, Blickkontakt, ...) ◆ Kontrolle zeigen (mittige Position im Raum) ◆ Nach Ermahnungen positiven Abschluss folgen lassen (z. B. wertschätzende/dankende Worte & Gesten, Lächeln) und Veränderung im Verhalten positiv rückmelden ◆ Nach Ermahnungen o. ä. Beziehung zu Schüler*in wiederherstellen ◆ Eigene Gefühle zeigen/offen legen ◆ Mit Führungsfiguren unter Schüler*innen zusammen arbeiten ◆ Der restlichen Klasse zeigen, dass die Beziehung zum/r Einzelnen nach Ermahnung wiederhergestellt ist ◆ Kritik an Schüler*innen vor Klassenkolleg*innen vermeiden ◆ Beachten, welche Schüler*innen Einzelaufmerksamkeit brauchen ◆ Humor zeigen ◆ Sich aktiv für persönliche Interessen, Überzeugungen und Hintergründe der einzelnen Schüler*innen interessieren

Tab. 2: Ansätze der effektiven Klassenführung und assoziierte Strategien von Lehrpersonen – Fortsetzung

Ansatz	Assoziierte Strategien und Handlungen
	♦ Schüler*innen sowohl zu schulrelevanten als auch zu schulfremden Angelegenheiten zuhören ♦ Für kurze Tür- und Angelgespräche mit Schüler*innen nach dem Unterricht sorgen ♦ Mit Schüler*innen auch außerhalb des Unterrichts und auf dem Gang sprechen ♦ Aktive Kontaktaufnahme und Zusammenarbeit mit Eltern

Anmerkung: Alle genannten Zuordnungen und Strategien wurden aus Wubbels (2011) übernommen, Übersetzung und geringfügige Anpassungen durch die Autorin.

Bei Betrachtung dieser umfangreichen Liste an Strategien, die an vielen Stellen Gemeinsamkeiten mit individualisierter Unterrichtsgestaltung, Planungskompetenzen und anderen Qualitätsmerkmalen von Unterricht generell aufweisen, wird möglicherweise die eingangs zitierte Aussage von Schwab & Elias (2015) in einem Referenzwerk zu Klassenführung nachvollziehbar, wonach praktisch alles, was eine Lehrperson abgesehen von der Vermittlung des fachlichen Inhalts im Unterricht tut, Teil von Classroom Management sei.

Gleichzeitig zeigt die Zusammenstellung von Wubbels (2011) und ähnliche Analysen von Forschungskolleg*innen, wie vielfältig einerseits die verschiedenen Ansätze von erfolgreicher Klassenführung sind, andererseits springen aber auch viele gemeinsame Elemente ins Auge, die über die Ansätze hinweg festgemacht werden können.

Und schließlich wird jede/r Praktiker*in beim Durchsehen der in Tabelle 2 (► Tab. 2) festgehaltenen Strategien konstatieren, dass *jeder* der dargestellten Ansätze nützliche und wirksame Elemente beinhaltet und eine Kombination von Strategien wohl am ehesten zum Ziel führt – auch deswegen, weil in jüngeren Jahren vermehrt die Kontextspezifität von effektivem Lehrer*innenverhalten ins

Bewusstsein gerückt ist, auf die Doyle (2006) federführend hingewiesen hat und die – verkürzt gesagt – bedeutet: es kommt stark auf die Situation an, welches Handeln zum Ziel führt. In der Folge wird in der Fachliteratur der letzten Jahre der Ruf nach integrativen Ansätzen von Klassenführung, die die fruchtbringenden Erkenntnisse der bisherigen Ansätze und das immer stärkere Bewusstsein um die Bedeutung der Lehrer*innen-Schüler*innenbeziehung verbinden, immer lauter (Bear, 2015; Emmer & Sabornie, 2015b). Den Versuch eines solchen integrativen Ansatzes möchte das nächste Kapitel liefern, verbunden mit Handlungsempfehlungen für die Umsetzung ab Kapitel 3 (▶ Kap. 3).

2.5 »Das Beste aus drei Welten«: Ein integrativer Zugang zur Klassenführung

Aus den vorangegangenen Abschnitten sowie beim Betrachten der von Wubbels (2011) identifizierten Strategien erfolgreicher Klassenführung wird evident, dass sich jeder moderne Ansatz der Klassenführung an zwei grundsätzlichen Polen orientiert bzw. sich anhand dieser beschreiben lässt, nämlich nach ihrem Verhältnis der Grunddimensionen *Strukturierung/Kontrolle* und *Wärme/Beziehung*. Die bisher vorgestellten Techniken unterscheiden sich mehr nach ihrer Schwerpunktsetzung auf diesen Grunddimensionen und der Art und Weise, wie und mit welchem Ziel bestimmte Strategien eingesetzt werden (Bsp. Herstellung von Ruhe und Ordnung vs. Entwicklung von Selbstdisziplin) als in den Strategien per se. Dementsprechend verfolgt gute Klassenführung auch Ziele auf beiden Ebenen: Schüler*innen und deren Lernumfeld einerseits bestmöglich strukturierend zu unterstützen und Schüler*innen andererseits zu selbstgesteuerter Regulierung und Gestaltung ihres Lern-, Arbeits- und Beziehungsverhaltens hinzuführen (vgl. auch Bear, 2015).

Es erscheint daher sowohl theoretisch (als Konsens einer Vielzahl an Forschungsergebnissen zu effektiver Klassenführung und Beziehung zwischen Lehrenden und Lernenden) wie auch praktisch (unterschiedliche Klassen, Schüler*innen und Unterrichtssituationen lassen unterschiedliche Strategien erfolgreich werden) sinnvoll, einen integrativen Ansatz der Klassenführung anzustreben, der die effektivsten Strategien und lernförderlichsten Grundhaltungen über die einzelnen Ansätze hinweg vereint. Auf breiter Ebene (vgl. Wubbels, 2011) sind dies:

- Ein Fokus der Lehrperson auf den Unterrichtsgegenstand (die Sachebene) statt auf Disziplinfragen
- Eine stabile, warme Beziehung zwischen Lehrenden und Lernenden, gekennzeichnet u. a. durch gegenseitige Akzeptanz und Begegnung auf Augenhöhe, eine humorvolle, angstfreie Atmosphäre, viel Lob und konstruktive Unterstützung
- Sehr gute Planungs- und organisatorische Kompetenzen der Lehrperson, die für einen konstanten Unterrichtsfluss, einen hohen Anteil echter Lernzeit im Unterricht (time on task) und störungsfreie Übergänge sorgen
- Einführung einer sinnvollen Anzahl alters- und situationsangemessener Regeln, Routinen und automatisierter Abläufe möglichst früh im Schuljahr sowie eine klare Kommunikation der eigenen Erwartungen hinsichtlich Verhalten, Lernergebnissen, Mitarbeit u. a. m.
- Ein Fokus auf positives Verhalten, Zusammenarbeit untereinander und die Stärkung von Eigenverantwortung und Selbstdisziplin sowie
- Einsatz von störungspräventiven an Stelle von korrektiven Strategien mit entsprechender Modellierung erwünschten Verhaltens durch die Lehrperson.

Die von einem solchen integrativen Ansatz vertretene Grundhaltung ist jene einer autoritativen Beziehungsgestaltung (Wettstein & Scherzinger, 2018), die sowohl (hohe) Erwartungen an das Gegenüber und einen klaren, altersadäquaten strukturellen Rahmen als auch Akzeptanz des Anderen und Wärme vereint (s. auch Sacher et al., 2019 für eine Anwendung dieses Modells auf die Zusammenarbeit mit Eltern).

Auf Ebene konkreter Strategien eines solchen integrativen Ansatzes legte Piwowar (2014) kürzlich ein Modell vor, das diesen Ansprüchen insofern gerecht wird, als es Elemente der behavioralen, ökologischen und interpersonalen Ansätze integriert. Es berücksichtigt sowohl die effiziente Nutzung der zur Verfügung stehenden Lernzeit (time on task) als auch drei Hauptkomponenten kompetenter Klassenführung, nämlich Management von Schüler*innenverhalten (d. h. Einsatz von präventiven und reaktiven Strategien zur Verhaltenssteuerung), Management der Instruktion (ein Überbegriff für Planungskompetenzen, die einen störungsfreien Unterrichtsverlauf und eine produktive Lernumgebung begünstigen) sowie Management der Interaktion (Gestaltung der Beziehung zu den Lernenden und zwischen den Schüler*innen selbst). Während sich die drei Hauptkomponenten empirisch nicht klar trennen lassen (wenig überraschend, hat doch schon die Auflistung in Tabelle 2 (▸ Tab. 2) gezeigt, dass es beträchtliche Schnittmengen zwischen den unterschiedlichen Ansätzen von Klassenführung gibt), sind deren Subkomponenten theoretisch und empirisch sehr gut abgesichert (im Überblick Piwowar, 2013, 2014) und können als belastbare Elemente effektiver Klassenführung angesehen werden.

Im Detail sind diese Subkomponenten von Klassenführungskompetenz folgende (vgl. auch Bear, 2015; Doyle, 2006; Siwek-Marcon, 2019, 2021; Wubbels, 2011; Wubbels et al., 2015 sowie Piwowar, 2013; 2014 für erweiterte Darstellungen der Subkonstrukte, ihrer Komponenten sowie deren theoretischer Herleitung und empirischen Absicherung):

- *Störungsfreiheit* bezeichnet einerseits den Anteil echter Lernzeit (time on task), andererseits die Abwesenheit von Störungen und Verzögerungen im Unterricht durch Schüler*innen oder die Lehrperson.

2 Klassenführung auf der Sekundarstufe

- *Regelarbeit* wird verstanden als klare Kommunikation von Erwartungen in Bezug auf Schüler*innenverhalten, -beteiligung u. a. m. und die konsequente Umsetzung und Verfolgung der kommunizierten Regeln im Unterricht sowie entsprechendes Modellverhalten der Lehrperson selbst mit dem Ziel, eine – letztlich – eigenständige Verhaltenssteuerung der Schüler*innen herbeizuführen.
- *Störungsintervention* bezeichnet die situationsadäquate, zeitlich passende und auf die kommunizierten Verhaltensregeln abgestimmte, stimmige Reaktion auf auftretende Störungen, die u. a. die Aufrechterhaltung von Unterrichtsfluss und die Bewahrung einer positiven Beziehung zwischen Lehrenden und Lernenden sicherstellt.
- *Monitoring* subsummiert Kounin'sche (2006) Konzepte der Überlappung und »withitness«, d. h. eine gleichzeitige Aufmerksamkeit auf mehrere in der Klasse ablaufenden Prozesse und Schüler*innenaktivitäten, die u. a. durch gezielte Bewegung im Raum und nonverbale Gesten umgesetzt werden kann.
- *Prozeduren und Fluss* beschreiben die Einführung und Anwendung automatisierter Übergänge und Rituale zur Maximierung von Lernzeit und Unterrichtsfluss sowie die Schaffung und Aufrechterhaltung von Momentum[12] (Kounin, 2006) im Unterricht.
- *Gruppenfokus* bezeichnet die konstante Aufmerksamkeit der Lehrperson auf die gesamte Lerngruppe sowie Maßnahmen zur breiten Aktivierung und Einbindung aller Schüler*innen in den Unterricht und das aktive Lernen.
- *Zeitmanagement* zielt auf die effiziente und effektive Nutzung der zur Verfügung stehenden Unterrichtszeit, etwa über Pünktlichkeit, realistische Vorab-Planung des Unterrichtsablaufs, Flexibilität im Verlauf oder die Verhinderung von »Stehphasen«.
- *Klarheit und Struktur* beziehen sich auf die Fähigkeit der Lehrperson, den roten Faden des Unterrichts deutlich zu machen und aufrechtzuerhalten, unmissverständliche Arbeitsaufträge zu for-

---

12 *Momentum* = Schwung, Bewegung

mulieren und einen organisatorischen Rahmen zu schaffen, in dem konzentriertes Lernen stattfinden kann.

Neben diesen verhaltens- und instruktionsbezogenen Aspekten von Klassenführung wird auch der Beziehungsaspekt als Basis erfolgreichen Lernens und konstruktiven Miteinanders von Piwowar (2013, 2014) explizit mit einbezogen.

- *Arbeitsbündnis* bezeichnet hier die Stärke, Richtung und Ausprägung von Bekennung (commitment) durch Lehrperson und Schüler*innen zu gemeinsamen Zielen und Inhalten des Unterrichts sowie die Schaffung und Aufrechterhaltung einer positiven Grund- und Arbeitshaltung gegenüber Lernen und Unterricht im Spannungsfeld zwischen Strukturgebung einerseits und wertschätzender Beziehung andererseits (vgl. auch Siwek-Marcon, 2019, 2021).

Schließlich werden unter dem Kompetenzbereich *Lösung von Schülerkonflikten* (sic) jene Kompetenzen der Lehrperson subsummiert, die zur Schlichtung und fairen Beilegung von Streitigkeiten zwischen Schüler*innen und damit zu einem produktiven Lern- und Klassenklima beitragen. Neben direkter Konfliktlösung unter Aufrechterhaltung von Unterrichtsfluss schließt dies auch Fähigkeiten wie Empathie, Modellverhalten in Situationen des sozialen Austauschs und effektive Interventionen (z. B. Gesprächsführungskompetenz) außerhalb des Unterrichts ein.

Wie Piwowar (2014) betont, bedeutet effektive Klassenführung nicht den isolierten oder additiven Einsatz einzelner Strategien, sondern die Fähigkeit, sie situationsabhängig aufeinander abzustimmen und in ihrer Kombination adaptiv einzusetzen, wie Doyle (2006) es auch in seinem ökologischen Modell der Klassenführung herausstellt.

Während ihr Hauptanliegen die Entwicklung von Messinstrumenten zur Klassenführungskompetenz war (welche auch eine sehr gelungene Möglichkeit darstellen, die eigenen Fähigkeiten der Klassenführung in Form von Selbstbeurteilung, Befragung der Schüler*innen und der Fremdbeurteilung durch Beobachter*innen zu evaluieren)[13], gelang es Piwowar (2014) auch darüber hinaus, integrative, in der Forschungsliteratur der letzten Jahrzehnte als effektiv belegte Strategien zu filtern und zu systematisieren. Im Vergleich zu ähnlichen Modellen, Instrumenten und Handlungsempfehlungen (Bsp. Mayr, 2009; Nolting, 2017) liegt ihr besonderer Verdienst in der starken Betonung der Bedeutung der Beziehungsqualität zwischen Lehrenden und Lernenden, die einerseits den Forschungsstand zur Thematik adäquater als zuvor abbildet, andererseits dafür sorgt, dass sich – ganz dem integrativen Verständnis von beziehungsorientierter Klassenführung folgend – Steuerungsbemühungen rund um Klassenführung tatsächlich an den Bedürfnissen von Lernenden *und* Lehrenden rund um eine produktive Lernumgebung orientieren. Kapitel 3 (▶ Kap. 3) gibt Hinweise dazu, wie diese Dimensionen im Unterricht konkrete Anwendung finden können.

Zusammenfassend lässt sich beziehungsorientierte Klassenführung also einerseits auf Basis der erwähnten autoritativen Grundhaltung (Verbindung von Strukturgebung *und* Beziehung), andererseits über einen situations- und kontextspezifischen Einsatz insbesondere präventiver Verhaltensstrategien beschreiben. Die Beziehungsqualität wird als Voraussetzung und als Basis einer gemeinsam gestalteten, tragfähigen und produktiven Lernumgebung gesehen, im Zentrum des Ansatzes stehen die Stärkung eines gemeinsamen Verantwortungssinns von Lehrenden und Lernenden für deren Gelingen sowie die Förderung von Sozial- und Selbstkompetenzen der Schüler*innen. Wie dies im Detail gelingen kann, zeigt das nächste Kapitel.

---

13 Alle Fragebögen zu Selbst- und Fremdeinschätzung der Klassenführungskompetenz sind unter https://www.ewi-psy.fu-berlin.de/einrichtungen/ arbeitsbereiche/schulentwicklungsforschung/forschung/abgelaufeneprojekte/kodek/Buch_Startseite/index.html zum freien Download verfügbar.

3

Klassenführung durch Beziehung – so gelingt's

3.1 Die Disziplin und ich

Wie in den vorigen Kapiteln ausgeführt, wird die eigene Herangehensweise an Klassenführung, an das dortige Verhältnis zwischen Struktur und Beziehung und den sich daraus ergebenden, als sinnvoll und effektiv erachteten Strategien in beachtlichem Maß durch unsere eigenen (oft impliziten[14]) Vorstellungen und Grundüberzeugungen hinsichtlich Schüler*innendisziplin beeinflusst. Es er-

---

14 *Implizit* = dem Bewusstsein nicht direkt zugänglich.

scheint daher sinnvoll, sich in der Entwicklung des eigenen Weges der beziehungsorientierten Klassenführung mit den eigenen Grundhaltungen gegenüber Disziplin, der Rolle von Schüler*innen und Lehrperson bei deren Herstellung und Aufrechterhaltung und der Rolle von Schule und Unterricht im Allgemeinen auseinanderzusetzen und diese zu reflektieren. Anhand des in Kapitel 2 (▸ Kap. 2) vorgestellten Modells von Johnson, Whitington und Oswald (1994) kann man sich etwa die in Tabelle 3 (▸ Tab. 3) skizzierten Fragen stellen und stichwortartig festhalten, wie man den genannten Aspekten derzeit gegenübersteht:

Tab. 3: Exploration der eigenen Grundhaltungen zu Klassenführung, Disziplin und dem Lehrer-Schüler-Verhältnis

Interessierender Aspekt	eigene Meinung
Wie sollen sich S/S im Unterricht verhalten?	
Warum sollen sich S/S so und nicht anders verhalten? Wofür ist das wichtig?	
Was brauchen Kinder und Jugendliche meiner Meinung nach von Erwachsenen?	
Was ist die Rolle der Lehrperson in Bezug auf Disziplin aus meiner Sicht?	
Was ist die Rolle der Eltern in Bezug auf Disziplin aus meiner Sicht?	
Wer sollte die Entscheidungsgewalt in der Schule haben? Wie sollten Macht und Einfluss verteilt sein?	

Nach Beantwortung dieser Fragen kann Tabelle 1 (▸ Tab. 1) wieder zur Hand genommen werden und versucht werden, die eigene Position den von Johnson et al. (1994) genannten Grundorientierungen zuzuordnen und deren Einordnung zu reflektieren. In einem zweiten Schritt kann versucht werden, mögliche Stärken und Pro-

3.1 Die Disziplin und ich

bleme der eigenen Überzeugungen zu identifizieren: Wo ist meine Haltung nützlich, wo stößt sie vielleicht an Grenzen oder kann Probleme verursachen? Inwiefern ist meine Haltung kompatibel mit dem System, in dem ich arbeite – lassen sich mögliche Reibungspunkte durch unterschiedliche Ansprüche erklären? Entsprechen meine Antworten meinem »Idealbild« von mir als Lehrperson – wo möchte ich hin? Welche Auswirkungen haben meine Überzeugungen möglicherweise auf meine Beziehung zu meinen Schüler*innen und meine Klassenführung? Wo möchte ich/kann ich etwas verändern?

Solche und ähnliche Fragen können helfen, die eigene Grundhaltung besser kennenzulernen, deren Stärken und Schwächen bewusst zu machen und den Rahmen, innerhalb dessen man sich mit seinen Bemühungen hinsichtlich Klassenführung und Beziehungsgestaltung bewegt, deutlicher zu sehen, Handlungsspielräume wahrzunehmen und Einschränkungen bewusst(er) akzeptieren zu können. Zudem wird vielleicht verständlich, warum bisher bestimmte Strategien in der Umsetzung vorherrschend waren. In jedem Fall wird die Disziplinfrage bei der Klassenführung jeder Lehrperson immer eine Rolle spielen (vgl. auch Emmer & Sabornie, 2015), sodass die Kenntnis der eigenen »Ausgangsbedingungen« gegenüber den beiden Grunddimensionen Strukturgebung und Beziehungsgestaltung unabdingbar ist. Für weitere Anregungen rund um das Thema Disziplin und Autorität in der Schule seien neben der Originalquelle von Johnson, Whitington und Oswald (1994) beispielhaft noch die Werke von Ruedi (2013) und natürlich jene von Haim Omer und Kolleg*innen (2013, 2016) zur Erkundung und Vertiefung beziehungsorientierter Konzepte von Disziplin und Autorität genannt.

3.2 In Beziehung treten: gute Grundlagen für Zusammenarbeit schaffen

Nachdem in Kapitel 2 (▶ Kap. 2) einige theoretische und empirische Erkenntnisse zur Bedeutung von Beziehung im Unterricht vorgestellt und deren Grunddimensionen erläutert wurden, sollen diese nunmehr praktische Anwendung finden: was macht eine Beziehung tragfähig, wie können solche Beziehungen zu Schüler*innen der Sekundarstufe aufgebaut und erhalten werden, und was tun, wenn die Beziehung einen »Knacks« erfahren hat, etwa weil in einer Konfliktsituation nicht ideal reagiert wurde?

In der Beantwortung dieser Fragen macht es zunächst Sinn, sich die Grunddimensionen der Lehrer*innen-Schüler*innen-Beziehung nach Cornelius-White (2007) wieder ins Gedächtnis zu rufen. Aufbauend auf bindungstheoretischen Erkenntnissen und der personenzentrierten Grundhaltung in Gespräch und Beratung nach Carl Rogers sind dies:

Empathiefähigkeit und Verständnis

Die Fähigkeit und Bereitschaft, sich in andere einzufühlen, deren Perspektive zu verstehen und nachzuvollziehen, auch wenn sie sich von der eigenen unterscheidet, und den Interaktionspartner zum Zentrum der eigenen, wohlwollenden Aufmerksamkeit zu machen, gilt unbestritten als ein Grundpfeiler beziehungsfördernden Verhaltens. Im Zusammenhang mit der Klassenführung und einer konstruktiven Lernumgebung kann das bedeuten, dass die Lehrperson den Schüler*innen Verständnis entgegenbringt, wenn etwa die Aufgabenlast als zu groß oder Lerninhalte als langweilig, nicht persönlich relevant o. ä. angesehen werden, oder andere Themen die Aufmerksamkeit überlagern (weil etwa um das verstorbene Haustier getrauert wird oder es gerade einen Streit mit der besten Freundin gegeben hat). Im Gespräch kann dieses Verständnis in Worte gefasst werden und die damit zusammenhängenden Gefühle

3.2 In Beziehung treten: gute Grundlagen für Zusammenarbeit schaffen

benannt werden. Voraussetzung zu tatsächlichem Verständnis ist hier das aktive Zuhören, wie die Schüler*innen die Situation tatsächlich wahrnehmen, da für das Gegenüber ganz andere Elemente zentral sein können, als wir Lehrpersonen das vermuten (so ist vielleicht der Ärger über den platten Reifen am Fahrrad vordergründig wahrnehmbar, doch der/die Schüler*in macht sich vielleicht viel mehr Sorgen darüber, wie er/sie nun nach Hause kommen oder das kleine Geschwister rechtzeitig von der Schule abholen soll). Wenn es uns gelingt, solche Anliegen für das Gegenüber stimmig zu erfassen und die damit verbundenen Gefühle nachzuvollziehen, kann gemeinsam ein Weg nach vorne gefunden werden. Ganz bewusst wird hier nicht vom Finden »der Lösung« gesprochen (im Unterrichtssetting können wir das aus verschiedensten Gründen gar nicht ad hoc leisten), doch kann auch alleine schon das Benennen des Problems, der damit verbundenen Gefühle und die Anerkennung der »Problemwertigkeit« große Entlastung bewirken, gleichzeitig wird die Beziehungsebene dadurch gestärkt und Wertschätzung vermittelt. Im Sinne der beziehungsorientierten Klassenführung wissen wir jedoch auch um die Wichtigkeit der zweiten Grunddimension, der Strukturierung, und können diese bewusst einsetzen, um Unterricht auch in emotional belasteten Situationen möglich zu machen und vom emotionalen Erleben zur kognitiven Aktivierung zurückzukehren. Je nach Situation wird eine solche Strukturierung unterschiedlich aussehen, von der gemeinsamen Entscheidung, den fehlenden Reiz des Lernstoffs für heute anzuerkennen und dennoch weiterzumachen verbunden mit der Perspektive, in den Folgestunden gemeinsam andere Schwerpunkte zu setzen, über die gemeinsame Erarbeitung von Strategien zur Bewältigung hoher Aufgabenlast, hin zu Vereinbarungen mit einzelnen Schüler*innen, wie der Tag/die Unterrichtsstunde heute trotzdem bewältigt werden kann und welche Schritte dafür z. B. in der Pause gesetzt werden können, um die Unterrichtszeit dennoch produktiv nutzen zu können. Im Unterrichtskontext mag dies auf den ersten Blick zeitaufwändig und unrentabel erscheinen, in der Praxis dauern solche Gespräche aber oft nur wenige Minuten und lindern eine emotionale Last, die dem kognitiven Arbeiten ansonsten die gesamte Unterrichtsstunde und darüber hinaus im Weg stehen würde – ganz abgesehen von der beziehungsstärkenden Wirkung eines solchen Austauschs und weiteren anderen längerfristigen Stärken, wie etwa die Modellierung effektiver Problemlösung und wertschätzender Interaktionen durch die Lehrperson (vgl. auch Wubbels, 2011).

Unbedingte Wertschätzung

Bei dieser Dimension geht es darum, das Gegenüber so zu akzeptieren und anzunehmen, wie er/sie in diesem Moment ist und ihm/ihr (sowie seiner/ihrer Sichtweise der Situation etc.) Wert zuzuschreiben und dies zu signalisieren. In der Interaktion zeigt sich dies durch nicht wertendes, den Anderen respektierendes, positivzugewandtes verbales und nonverbales Auftreten. Was in der Theorie einfach klingt und viel intuitive Zustimmung auslöst, ist in unterrichtlichen Interaktionen dann doch oft schwer umzusetzen – bei der gefühlt 50. Störaktion eines betreffenden Schülers immer noch wertschätzend zu bleiben, wird selbst der erfahrensten und wohlwollendsten Lehrperson schwerfallen. Doch lässt sich anhand dieser Dimension die Trennung in Sach- und Personenebene, die in der beziehungsorientierten Klassenführung ebenfalls als Grundvoraussetzung für deren Gelingen gesehen wird, sehr gut »üben«: geht es doch darum, der *Person* des Gegenübers und seinem Erleben Wertschätzung entgegen zu bringen, nicht aber allem, was das Gegenüber *tut*. So ist es sogar notwendig – im Sinne beider Dimensionen, der Beziehung und der Strukturierung – auszudrücken, wo der/die Schüler*in warum mit seinem/ihrem Verhalten auf dem Holzweg ist; doch bleibt davon die Wertschätzung für die Person des Schülers/der Schülerin unberührt (d. h. er/sie erfährt keine Ausgrenzung, Erniedrigung o. ä.; Bsp.: »Die Aussage hat mit dem Thema nichts zu tun und lenkt uns ab/Bitte beantworte die Frage« vs. »Was redest Du schon wieder für einen Blödsinn«).

3.2 In Beziehung treten: gute Grundlagen für Zusammenarbeit schaffen

Im Zusammenhang mit diesem Beispiel soll nochmals auf die Forschungsergebnisse von Clunies-Ross et al. (2008) hingewiesen werden, die festgehalten haben, dass Reaktionen von Lehrpersonen auf Verhalten, das mit Leistung zu tun hat, vermehrt positiv sind, Rückmeldungen auf (Sozial-)Verhalten fast ausschließlich negativ. Im Sinne der Dimension der Wertschätzung als Grundlage für gelingende Beziehungen im Klassenverband und ihres Elements einer *positiven Hinwendung* zum Gegenüber verlangt beziehungsorientierte Klassenführung eine Umorientierung in dieser Hinsicht: wichtig sind eine *bewusste Wahrnehmung* und eine verbale wie nonverbale *Wertschätzung positiven Verhaltens*. Das bewusste Trainieren der eigenen Wahrnehmung von Schüler*innenverhalten in dieser Hinsicht und das ebenso bewusste Einsetzen von positiven Rückmeldungen (vgl. auch Wubbels, 2011) kann in der Beziehungsdimension schon im Unterrichtsalltag erstaunliche Ergebnisse bringen.

Wertschätzung bedeutet im Sinne beziehungsorientierter Klassenführung also keine leere Floskel einer »Kuschelpädagogik«, sondern eine Begegnung mit den Schüler*innen auf Augenhöhe, die es auch erlaubt, ja sogar notwendig macht, (hohe) Erwartungen an das Gegenüber zu haben und diese auch zu kommunizieren (wir erinnern uns an dieser Stelle auch an die Prämissen der *Gegenseitigkeit* und *gemeinsamen Verantwortung* für das Miteinander und die Lernumgebung, die im Rahmen der beziehungsorientierten Klassenführung Schüler*innen und Lehrpersonen gleichermaßen präsent sein sollen). Positive Wahrnehmung und Wertschätzung des Gegenübers und eine Trennung von Personen- und Sachebene wie auch berechtigte Erwartungen werden so von der Lehrperson nicht nur vorgelebt und modelliert, sondern können im Gegenzug auch von den Schüler*innen eingefordert werden – im Kontakt mit der Lehrperson genauso wie im Kontakt untereinander.

Wärme

Diese Dimension drückt sich u. a. durch positive Mimik und Gestik (Lächeln, in privaten Beziehungen Körperkontakt und Berührungen), aktives Zuhören (bestärkende nonverbale Gesten im Gespräch, Blickkontakt, verbales und nonverbales Signalisieren von Interesse u. ä.), Humor (gemeinsames Lachen, ungezwungene Atmosphäre im Klassenraum), empathisches Verstehen des Anderen (s. oben) und dem Signalisieren von echtem Interesse am Gegenüber (über persönliche Details Bescheid wissen, Nachfragen, gemeinsame Fortführung des Themas, Erfragen der Sichtweise u. ä.) aus. Damit verbunden ist auch die Dimension der *Echtheit*, die einfordert, dass sich alle Parteien so in Interaktionen einbringen, wie sie wirklich sind. Dies bedeutet für die Lehrperson in Schule und Unterricht, dass sie auch zeigen darf und soll, dass sie ebenfalls Mensch ist mit eigenen Überzeugungen, Gefühlen und Einstellungen, und nicht etwa aufgrund von Profession, Titel oder Erfahrung »weiter oben« angesiedelt wäre als ihre Schüler*innen (oder auch deren Eltern). Selbstverständlich wird im Beruf eine Rolle eingenommen (und dies ist auch in Hinblick auf Professionalität, auf die eigene Abgrenzung und die Trennung von Beruf und Privatem richtig und wichtig – mehr dazu im Abschlusskapitel). Doch schließt diese Rolle im Sinne der beziehungsorientierten Klassenführung die Kommunikation auf Augenhöhe mit den Schüler*innen ein, ebenso wie das Zeigen und Benennen eigener Emotionen, und auch die Tatsache, dass die Lehrperson – eben aufgrund der eigenen Menschlichkeit – ebenfalls irren kann, falsche Interpretation und Annahmen treffen kann, überreagieren kann usw. Fehler und Irrtümer zuzugeben und sich dafür bei Schüler*innen zu entschuldigen ist – eben im Zeichen der Beziehungsgrunddimension Echtheit – nicht nur sehr beziehungsfördernd, sondern auch – erneut – zentral, wenn es darum geht, Schüler*innen konstruktive Interaktionen vorzuleben und zu modellieren (vgl. auch Wubbels, 2011).

Nicht-Direktivität

Hiermit meint Cornelius-White (2007) das Zurücknehmen der Lehrperson, wenn es um Steuerung von unterrichtlichen und Lernprozessen geht, und die Förderung schüler*innenzentrierter und

3.2 In Beziehung treten: gute Grundlagen für Zusammenarbeit schaffen

selbstgesteuerter Aktivitäten. Im Sinne der beziehungsorientierten Klassenführung ist diese Zurücknahme nicht als eine Umsetzung des »laissez-faire«-Prinzips zu verstehen, sondern als die vermehrte Annahme einer Rolle als Lerncoach/Lernbegleiter*in und der Ausrichtung des Unterrichts in offenen Settings, in denen die Schüler*innen selbstgesteuert Aufgaben, Schwierigkeitsgrade usw. auswählen, verschiedene Lernwege für sich erkunden, angeleitet über den eigenen Lernprozess reflektieren können etc., um sie zu größtmöglicher Selbstkenntnis, Selbststeuerung und Verantwortungsübernahme für das eigene Lernen und die eigene Entwicklung anzuleiten (vgl. auch Wubbels, 2011). Was auf den ersten Blick wie eine bestimmte didaktische Methode anmutet, hat insofern viel mit Beziehung zu tun, als den Schüler*innen in solchen nicht-direktiven Settings Selbstverantwortung zuerkannt wird und die Lehrperson Vertrauen in die Schüler*innen und ihre diesbezüglichen Fähigkeiten ausspricht. Gleichzeitig ist die Lehrperson immer als helfende Hand vorhanden und präsent, die Strukturierung wird einerseits über die Vorbereitung der Lernumgebung und die Aufgabenauswahl geleistet, andererseits über die vorhandene Präsenz der Lehrperson als verlässliche, kompetente Ansprechperson. Und auch für die Gestaltung des Zusammenlebens in der Klasse kann aus dem Prinzip der Nicht-Direktivität wertvolles abgeleitet werden, etwa wenn es darum geht, das soziale Miteinander zu gestalten, beziehungsfördernde Klassenregeln zu erstellen (▶ Kap. 3.3.1) oder klasseninterne Konflikte zu lösen: unter Anleitung, aber nicht unter Anweisung der Lehrperson sollen Schüler*innen selbst aktiv werden, sollen für die jeweilige Thematik Verantwortung übernehmen und entscheiden, wie sie ihr Zusammenleben in der Klasse gestalten wollen. Tragfähige Lösungen werden daher auch nur aus dem Klassenverband kommen können und müssen, während die Lehrperson ein »Gerüst« für die Problemlösung bereitstellt und den Schüler*innen Vertrauen in deren eigene soziale Fähigkeiten signalisiert, gleichzeitig aber auch immer präsent ist, wenn sie gebraucht wird.

Ähnlich können die bei Cornelius-White (2007) genannten Faktoren *Erleben eigener Kontrolle* (z. B. über den Lernprozess oder Entscheidungen, die das eigene weitere Vorgehen bei Problemen oder den Sozialverband betreffen) und *kollaboratives Arbeiten* unter *angstfreien, vertrauensvollen Bedingungen* als stark beziehungs- und selbstkompetenzfördernd verstanden werden. Jede Unterrichtsstunde bietet eine Vielzahl von Möglichkeiten, Schüler*innen eigene Kontrolle erleben zu lassen (z. B. via Differenzierung und Wahlfreiheit von Aufgaben, Arbeitstempo, Reihenfolge, Sozialform oder Anforderungsniveau), wobei die Lehrperson im Sinn der beziehungsorientierten Klassenführung als Ansprechperson präsent ist, die immer Anteil am Lernprozess nimmt, sich für individuelle Denkwege usw. interessiert und Erwartungen an Prozess und Ergebnis, aber gleichzeitig auch Vertrauen in die Kompetenzen der Schüler*innen kommuniziert. Angstfreie, vertrauensvolle Arbeitsbedingungen sollten durch die Umsetzung der bisher genannten Prinzipien bereits grundgelegt sein, doch wird es lohnen, die Breite und Zusammensetzung kollaborativer Arbeitsphasen genau zu durchdenken, an Alter, Erfahrung und soziale Dynamik in der Klasse anzupassen und gegebenenfalls vorab Maßnahmen zur Stärkung des sozialen Miteinanders (einige methodische Vorschläge sind unter ▶ Kap. 3.2.1 gelistet) zu setzen und reifen zu lassen, um wirklich allen Schüler*innen ein positives Erlebnis kollaborativer Arbeit zu ermöglichen.

Als letzte Grunddimension konstruktiver beziehungsbezogener Arbeit in Schule und Unterricht nennt Cornelius-White (2007) Aspekte der *konstruktiven Unterstützung* sowie der *Förderung kritischen und reflexiven Denkens* (statt Auswendiglernen). Beide Aspekte haben auch im deutschen Sprachraum als Kernelemente Eingang in wegweisende Modelle von Unterrichtsqualität und Lehrer*innenkompetenz gefunden (z. B. Helmke, 2015; Kunter & Voss, 2011).

3.2 In Beziehung treten: gute Grundlagen für Zusammenarbeit schaffen

3.2.1 Möglichkeiten aktiver Beziehungsförderung – mit einzelnen Schüler*innen und im Klassenverband

Nachdem die Grunddimensionen tragfähiger Beziehungen im Klassenzimmer erläutert wurden, werden nun zur Umsetzung jeder Dimension noch methodische Vorschläge gegeben, wie Beziehungen zu einzelnen Schüler*innen sowie zum gesamten Klassenverband und zwischen den Schüler*innen untereinander aufgebaut und gestärkt werden können (▶ Tab. 4). Wie jede/r Praktiker*in weiß, kann eine solche Liste nie auch nur annähernd vollständig sein – in Publikationen zur Arbeit mit Gruppen, in didaktischen Methodensammlungen und im Internet finden sich eine Fülle methodischer Vorschläge für jede Zielsetzung und jede Phase der Arbeit mit Gruppen –, daher werden hier nur einige wenige Methoden vorgeschlagen, die zur Arbeit an der jeweiligen Grunddimension aus meiner Sicht besonders gut geeignet sind.

Tab. 4: Methoden und Beispiele zu Beziehungsaufbau und -pflege auf Einzel- und Gruppenebene

Beziehungs-dimension	Hinweise zur allgemeinen Umsetzung	einige spezifische methodische Vorschläge
Empathie und Verständnis	in den/die Andere hineinversetzen, sich fragen: wie geht es ihm/ihr wahrscheinlich dabei? Gedanken und Gefühle richtig erkennen lernen, verbalisieren (aussprechen) und kommunikativ validieren (d. h. Gegenüber fragen, ob Wahrnehmung so richtig ist); anderen mehr reden lassen, als man selbst redet, andere Perspektive erfassen wollen	Übungen zum aktiven Zuhören und zum aktiv-konstruktiven Reagieren praktizieren: bewusst Nachfragen stellen, positive Gefühle zum Gesagten ausdrücken, sich mitfreuen, den/die Andere*n in den Mittelpunkt stellen; Arbeit mit Emotionskärtchen (→ Vorlagen und Varianten im Internet); andere Personen/Kinder/Babys/Tiere beobachten lassen

Tab. 4: Methoden und Beispiele zu Beziehungsaufbau und -pflege auf Einzel- und Gruppenebene – Fortsetzung

Beziehungs-dimension	Hinweise zur allgemeinen Umsetzung	einige spezifische methodische Vorschläge
	einschränkende Rahmenbedingungen benennen/ erleichtern/optimieren	und Gefühle und Bedürfnisse erkennen lernen
		gemeinsame Festlegung von thematischen Schwerpunkten und Zeitplanung, Flexibilität im Ablauf
Wertschätzung	Sach- und Personenebene trennen	Übungen zum Feedback geben, Übungen zur gewaltfreien Kommunikation nach Rosenberg
	Details über den/die Andere kennen, wahrnehmen und merken (z. B.: familiärer Hintergrund, Hobbies, Interessen, Geburtstag etc.)	Steckbriefe zu Schuljahresanfang, die immer wieder erweitert werden können
	Dem/der Anderen ungeteilte Aufmerksamkeit geben (Blickkontakt im Gespräch, keine Nebentätigkeiten, verbales und nonverbales aktives Zuhören)	Schüler*innen persönlich und mit Namen ansprechen
		Schüler*innen entsprechend ihrer Interessen/Kompetenzen besondere Rollen im Unterricht übertragen
	Vereinbarungen einhalten Kritik nur leise und unter vier Augen aussprechen	Vereinbarungen verschriftlichen Beobachtung und bewusste Wahrnehmung einzelner S/S im schulischen Alltag
	Sitzplan regelmäßig variieren und bewusst einsetzen Verantwortung füreinander übernehmen	Buddy-System einführen und umsetzen: jede/r Schüler*in einer Klasse ist »Buddy« von 2 weiteren Schüler*innen, gegenseitig ist man füreinander verantwortlich und kümmert sich umeinander, z. B. im Krankheitsfall informieren die Buddies über versäumte Inhalte, sammeln Unterlagen u. a. m. (Schoosleitner, 2020)

3.2 In Beziehung treten: gute Grundlagen für Zusammenarbeit schaffen

Tab. 4: Methoden und Beispiele zu Beziehungsaufbau und -pflege auf Einzel- und Gruppenebene – Fortsetzung

Beziehungs-dimension	Hinweise zur allgemeinen Umsetzung	einige spezifische methodische Vorschläge
Wärme	verbal und nonverbal positive Emotionen ausdrücken (z. B. Gegenüber anlächeln), Blickkontakt halten, Interesse am Anderen und dessen Sichtweise/Lebenswelt usw. zeigen, freundlicher Tonfall, Höflichkeit und Wertschätzung im Umgang miteinander einfordern, Humor zeigen/gemeinsam lachen, positive Emotionen in den Vordergrund stellen, kein Sarkasmus/keine emotionale Kälte zur Strafe einsetzen Humor (v. a. auch als LP) nie auf Kosten von Anderen praktizieren	S/S zu freundlichem, wertschätzendem Umgang miteinander ermutigen und denselben vorleben (Bsp.»Bitte«,»Danke«, keine Schimpfwörter), Klassenregeln zum Umgang miteinander erarbeiten (Bsp. abgeleitet aus 3 Statements pro Person zur Frage»so möchte ich gerne behandelt werden«; Heil, 2014), mit S/S erarbeiten, dass etwas nur»lustig« ist, wenn es tatsächlich für alle Beteiligten lustig ist (z. B. über gemeinsames Einschätzen und Besprechen von Beispielszenen aus dem Schulalltag; Heil, 2014)
Echtheit	eigene Meinung, Gedanken, Gefühle – klar als solche gekennzeichnet – einbringen und aussprechen Gegenüber »auf Augenhöhe« begegnen Rolle nicht zum eigenen Vorteil ausnutzen Fehler/Irrtümer einräumen und sich dafür entschuldigen Wahrnehmung positiver Eigenschaften und Stärken bei sich selbst und Anderen in den Vordergrund stellen	»Meinungskreis« aufzeichnen und in diesen hineinstellen, wenn eigene z. B. politische Meinung gefragt wird eigene Gefühle verbalisieren, vgl. hierzu Regeln GFK nach Rosenberg Sitzhöhe an Gegenüber anpassen, Gegenüber genauso ernst nehmen wie die eigene Wahrnehmung keinen Druck durch Drohungen hins. Noten o. ä. aufbauen Übungen der gegenseitigen Wertschätzung wie z. B. »Schatzkiste« (positive Eigenschaften von sich selbst und anderen auf Zettel notieren,

Tab. 4 : Methoden und Beispiele zu Beziehungsaufbau und -pflege auf Einzel- und Gruppenebene – Fortsetzung

Beziehungs-dimension	Hinweise zur allgemeinen Umsetzung	einige spezifische methodische Vorschläge
		diese jeweils in persönlicher »Schatzkiste« sammeln) in der Gruppe durchführen
Nicht-Direktivität/Erleben eigener Kontrolle/kollaboratives Arbeiten unter angstfreien Bedingungen	offene Lernsettings vorbereiten, anbieten und begleiten, für »echte« Wahlfreiheit bei Aufgaben sorgen, Erwartungen hinsichtlich Ergebnis, Arbeitsweise etc. klar offenlegen, gleichzeitig Vertrauen in Selbstkompetenz der Schüler*innen signalisieren Selbstbewertung durch S/S fördern immer ansprechbar sein und Prozess aktiv begleiten, Schüler*innen positiv bestärken und ermutigen Prinzip der minimalen Hilfestellung (vgl. Montessori-Grundsatz: »Hilf mir, es selbst zu tun«)	Klassenrat, Wochenplanarbeit, selbstständige, offene und kooperative Lernformen klare, unmissverständliche und fehlerfreie Arbeitsaufträge geben (ggf. vorab von Kolleg*in prüfen lassen!), Erwartungen klar darlegen diagnostische Instrumente zur Entwicklung und Förderung der Selbstbeurteilung einsetzen (Vorschläge z. B. bei Paradies, Wester & Greving, 2018) Ergebnisse *und* Arbeitsweise wahrnehmen und konsequent rückmelden sowie positiv verstärken

Den Schüler*innen gegenüber werden die genannten Beziehungsdimensionen von der Lehrperson aktiv vorgelebt, was in sich (im Sinne der Modellfunktion, die auch Wubbels [2011] mehrfach als zentral für gelingende beziehungsorientierte Klassenführung benennt) bereits großen Effekt auch auf das Miteinander zwischen den Schüler*innen haben kann und wird. Mindestens ebenso wichtig ist es aber, dass auch *unter den Schüler*innen ein Klima herrscht, das den genannten Grunddimensionen gerecht wird. Einmal aus dem Grund, den bereits Cornelius-White selbst (2007) eindrucksvoll herausstellte und der auch von der neueren Forschung (vgl.

3.2 In Beziehung treten: gute Grundlagen für Zusammenarbeit schaffen

Hagenauer & Raufelder, 2021; Reindl & Gniewosz, 2018; Schweer, 2016) einhellig bestätigt wird: Beziehungen und Beziehungsqualität nicht nur zwischen Schüler*innen und Lehrpersonen, sondern auch zwischen Schüler*innen selbst sind für Lernen, Wohlbefinden in der Schule und Leistung hochrelevant, und ein guter Klassenzusammenhalt ist ebenso Nährboden wie Voraussetzung für gelingende Klassenführung (vgl. zusammenfassend Piwowar, 2014; Wubbels et al., 2015).

Im Sinne des beziehungsorientierten Konzepts von Klassenführung sollen die Schüler*innen daher auch für die Gestaltung ihrer Beziehungen untereinander selbst aktiv werden, dafür Verantwortung übernehmen und ihre Selbst- und Sozialkompetenz zum Aufbau und Erhalt positiver, tragfähiger Beziehungen weiter ausbauen. Die Schule bietet dafür, gerade aufgrund der so heterogenen und zufälligen Zusammensetzung der Schüler*innen eines Klassenverbands, den idealen Nähr- und Übungsboden. Begonnen werden kann zunächst damit, über die Dimensionen gelingender und »gesunder« Beziehungen per se zu reden – sehr oft wird vorausgesetzt, dass Jugendliche wüssten, was diese ausmacht. Davon abgesehen, dass dies auch bei Erwachsenen oft nicht der Fall ist, befinden sich die Jugendlichen in der Sekundarstufe in einer Lebensphase, in der die Entwicklung und Entdeckung des Selbst und der Anderen in Beziehungen zu ihren zentralen Entwicklungsaufgaben zählen (vgl. Berk, 2019). Sie dabei zu unterstützen, macht damit auch ganz abgesehen vom Anliegen der Beziehungsgestaltung als Voraussetzung für konstruktive Lernumgebungen Sinn, und zwar wenn es darum geht, die eigenen Beziehungen im privaten Bereich auf deren Verträglichkeit mit den eigenen Bedürfnissen, auf deren Zuträglichkeit zum eigenen Wohlbefinden und auf deren effektiven persönlichen »Wert« zu prüfen.

Ausgehend von dem Grundsatz, den Klassenverband als Voraussetzung für gelingendes Lehren und Lernen stärken und entwickeln zu wollen, kann also zunächst über die Grunddimensionen von Beziehungen gesprochen werden, um diese dann methodisch zu trainieren und zu entwickeln (Vorschläge ▶ Tab. 4).

3 Klassenführung durch Beziehung – so gelingt's

Fallbeispiel für die Planung einer Intervention auf Beziehungsebene: Ausschluss einer Schülerin

Bianca (13) besucht die 3. Klasse einer Mittelschule mit naturwissenschaftlichem Schwerpunkt. Der Lehrperson fällt auf, dass Bianca meist für sich bleibt und augenscheinlich wenige Freund*innen in der Klasse hat, obwohl das Klassenklima im Allgemeinen gut ist und die Schüler*innen (inklusive Bianca) motiviert arbeiten und gute Leistungen erbringen. Die Lehrperson vermutet, dass ihr Einzelgängertum u. a. mit ihrem Auftreten zu tun hat (eigenwilliger Kleidungsstil abseits des »Mainstreams«, augenscheinlich Schwierigkeiten in sozialen Interaktionen, Unbeholfenheit und große Direktheit bei Wortmeldungen u. ä.). In einer Stunde, in der die Lehrperson eine Kleingruppenarbeit geplant hat, kommt es zu einer Eskalation, da sich kein/e einzige/r Schüler*in der Klasse – auch auf Insistieren der Lehrperson hin – dazu bereit erklärt, mit Bianca in einer Gruppe zusammenzuarbeiten. Da ad hoc keine Lösung gefunden werden kann, verwirft die Lehrperson die Gruppenarbeit in der Folge und lässt alle Schüler*innen den Arbeitsauftrag in Einzelarbeit erledigen, um den Unterrichtsfluss zu wahren. Nach der Stunde überlegt die Lehrperson, wie sie in Zukunft vorgehen soll, um ähnliche Zwischenfälle zu verhindern und konstruktive Gruppenarbeiten für alle möglich zu machen.

Analyse der Situation und Lösungsansätze im Sinne der beziehungsorientierten Klassenführung

In Hinblick auf die oben angesprochenen Prinzipien der Beziehungsgestaltung ergeben sich mehrere Ebenen, die für eine dauerhafte Veränderung der Situation eine Rolle spielen. Zunächst kann auf das Prinzip der gemeinsamen Verantwortungsübernahme von Schüler*innen und Lehrperson für eine konstruktive Lernumgebung rekurriert werden. Für die beschriebene Situation bedeutet dies, dass sie weniger ein Symptom eines Problems einer einzelnen Schülerin, sondern vielmehr als Symptom eines (augenscheinlich bereits länger bestehenden/verfestigten) Pro-

3.2 In Beziehung treten: gute Grundlagen für Zusammenarbeit schaffen

blems des Umgangs miteinander auf Klassenebene gesehen werden sollte. Dementsprechend sind Lehrperson und alle Schüler*innen gemeinsam für dessen Lösung und Vermeidung ähnlicher Situationen in der Zukunft verantwortlich. Diese Haltung sollte zunächst von der Lehrperson klar vertreten werden (Echtheit; Bsp. eigene Meinung zum Verhalten bei der Gruppenarbeit auch im Nachhinein klar zum Ausdruck bringen) und in ihren eigenen Handlungen deutlichen Niederschlag finden (Modellverhalten; Bsp. Bianca genauso oft zu Wort kommen lassen wie andere Klassenkolleg*innen, genauso wertschätzende Rückmeldungen und Korrekturen geben, persönliche Sympathien/Antipathien soweit als möglich außen vorlassen usw.). Die Lehrperson sollte das Geschehene – nach entsprechender Vorbereitungszeit – des Weiteren zum Anlass nehmen, den Umgang miteinander in der Klasse zu thematisieren und nachhaltig zu stärken. Im Idealfall hat die Lehrperson bereits präventiv mit der Klasse zu den Beziehungsdimensionen gearbeitet und kann an diese Arbeit erinnern und darauf aufbauen. Aber auch, wenn dies noch nicht geschehen sein sollte, kann auf alle Beziehungsdimensionen Einfluss genommen werden, z. B. unter Einbezug folgender Elemente:

- Die Lehrperson schafft den notwendigen Rahmen, der für eine längerfristige Bearbeitung der Beziehungsebene notwendig scheint (Bsp. Einplanung einer entsprechenden Zeit- und thematischen Schiene in einem passenden Fach wie soziales Lernen) und kommuniziert dies den Schüler*innen unter Verweis auf die Notwendigkeit durch die erlebte Situation (*Strukturierung, Echtheit, Wertschätzung* für Schüler*innen durch Anerkennung der Tragweite der Situation und der Wichtigkeit, füreinander als Team einzustehen).
- Es wird zum Einstieg die *Basis für den Umgang miteinander neu ausverhandelt*, indem jede/r Schüler*in anonym 3 Statements zur Aussage »So möchte ich gerne behandelt werden« formuliert (Heil, 2014; *Erleben eigener Kontrolle, Echtheit*, in der Folge auch als Basis für die Entwicklung von *Empathie und Verständ-*

nis nutzbar). Die Lehrperson kann die Statements selbst sichten und thematisch gruppieren oder (nach Vorab-Durchsicht auf Einhaltung der »Nettiquette«) diese Aufgabe in der nächsten Stunde den Schüler*innen übertragen. Ziel ist es, gemeinsam für alle relevante Grundsätze für den Umgang miteinander abzuleiten (*Empathie, Wertschätzung, Wärme*; im Prozess *Nicht-Direktivität, Erleben eigener Kontrolle und Verantwortung*), die auch als solche festgehalten und visualisiert werden sollten (am besten von den Schüler*innen selbst).

- Mit Sicherheit werden sich im Ergebnis dieser Phase Grundsätze wie: »einander zuhören und ausreden lassen«, »mit Respekt/Wertschätzung behandelt werden«, »nicht ausgelacht werden« etc. finden. Damit kann in der Folgestunde weitergearbeitet werden, indem die Lehrperson aufgreift, was Wertschätzung (und die weiteren gefundenen Schlagwörter) denn nun bedeutet und worin sie sich niederschlägt. Hier kann die Auflistung in Tabelle 4 (▶ Tab. 4) unterstützend genutzt werden. Dies erfolgt eben gerade *nicht* mit Bezug zur aktuellen Situation/Schüler:in, da diese ja lediglich als »Symptom« dafür gesehen wird, dass in gewissen Bereichen bei der Klasse Entwicklungsbedarf besteht.

- Je nachdem, wo die Lehrperson bzw. die Klasse besonderen Bedarf für die Entwicklung verortet, können die einzelnen Beziehungsdimensionen in der Folge in unterschiedlicher Gewichtung methodisch bearbeitet werden. So kann von allgemeinen Übungen zur Entwicklung von *Empathie und Verständnis* (Bedürfnisse bei kleineren Kindern, Babys oder Tieren beobachten und benennen/identifizieren lassen) ausgegangen und die dort gewonnenen Erkenntnisse immer mehr auf das schulische Miteinander übertragen und die Bedeutung der Erkenntnisse aus den Übungen für das Miteinander in der Klasse anhand von Leitfragen reflektiert werden. In entsprechenden Studien konnte nachgewiesen werden, dass über solche Methoden der Bedürfniserkennung bei anderen, schutzbedürftigen Lebewesen die Empathiefähigkeit der teilnehmen-

den Kinder signifikant zu- und Aggressivität signifikant abnimmt (Hollerbach & Brisch, 2015).
- Übungen zum aktiven, wertschätzenden Zuhören und zur gewaltfreien Kommunikation (▶ Kap. 3.5) werden mit den Schüler*innen durchgeführt und ihre Prinzipien erläutert. Bei diesen Übungen, die für gewöhnlich paarweise durchgeführt werden, achtet die Lehrperson auf ein klares Abstecken und Einhalten der Rahmenbedingungen (*Struktur*; keine Diskussionen über Zusammensetzung, jede/r übt mit jedem/r), lässt keinen Zweifel an der eigenen diesbezüglichen Überzeugung (*Modellverhalten*), verwendet das von den Schüler*innen entwickelte Regelwerk als Grundlage (*Wertschätzung, Erleben eigener Kontrolle*) und verstärkt positive Ergebnisse (*Aufmerksamkeit auf Erfolge und auf erwünschtes statt auf unerwünschtes Verhalten*).
- Während der gesamten Projektzeit lässt sich die Lehrperson nicht auf gegenseitige Schuldzuweisungen etc. ein, und wenn, dann nur insofern, als sie anerkennen kann, dass jede Person seine/ihre Eigenheiten hat, die ja auch ihre Einzigartigkeit ausmachen (*Wertschätzung, Modellverhalten*). Wenn diese Einzigartigkeiten auch hin und wieder zu Reibereien führen mögen, gilt es, die eigene Wahrnehmung eben auch in Richtung der Ressourcenperspektive zu erweitern und gleichzeitig Selbstreflexion bei den Schüler*innen anzuregen (inwieweit trägt mein eigenes Verhalten dazu bei, dass sich die Situation so entwickelt hat? Was kann ich bei mir verbessern? Bin ich bereits die »best version of myself« im Umgang mit Anderen? Woran kann ich noch arbeiten?). Die konsequente *Perspektive auf den eigenen Anteil* an der Situation hilft, Schuldzuweisungen an Andere vorzubeugen und tatsächliche Veränderungsmöglichkeiten aufzuzeigen.
- Die Projektzeit sollte von einer *Vorwärtsorientierung* gekennzeichnet sein, d. h.: nicht die »Aufarbeitung« der erlebten Situation bei der Gruppenarbeit soll im Vordergrund stehen, sondern der Umgang miteinander ab sofort (im Sinne von »Wir stellen uns neu auf«).

- Das Projekt sollte – wenn die Lehrperson sicher ist, dass eine Veränderung stattgefunden hat – von der Einführung eines Buddy-Systems o. ä. abgeschlossen werden, bei dem die Schüler*innen *aktiv füreinander Verantwortung übernehmen* (z. B. jede/r »kümmert« sich besonders um zwei andere Kamerad*innen im Krankheitsfall, um deren Einschluss in Gruppenaktivitäten usw.). Die Lehrperson achtet dabei auf die Einhaltung des Systems (*Struktur, Wertschätzung*) und unterstützt die Schüler*innen zu Beginn bei dessen Festigung.
- Wichtig zu betonen ist, dass bei einem derartig gelagerten Fall *ausreichend Zeit* in die Bearbeitung des schulischen Miteinanders investiert werden muss, wenn eine überdauernde Verbesserung erreicht werden soll. Bei einer Wochenstunde soziales Lernen z. B. wird eine solche Intervention *mindestens 6 Wochen* (bei vertiefter Bearbeitung einzelner Beziehungsdimensionen entsprechend mehr Zeit) in Anspruch nehmen. Punktuelle Aktionen (»Wir reden diese Stunde mal über Euer Klassenklima«, geschweige denn fünfminütige Tür-und-Angel-Gespräche) werden keine langfristige Verbesserung der Kernproblematik herbeiführen – das muss der Lehrperson klar sein. Warum aber nicht stattdessen den Vorfall als Anlass nehmen, den »Umgang miteinander« als Semesterthema anzuberaumen?
- Auch nach Abschluss des thematischen Schwerpunkts sollte *regelmäßig* (ohne Anlassfall!) am Miteinander weitergearbeitet werden, bspw. über gruppenstärkende Spiele, gemeinsame Projekte, Unternehmungen, Challenges in unterschiedlichen Gruppenkonstellationen usw.
- Wenn notwendig, kann die Lehrperson parallel zum Klassenprojekt Einzelgespräche mit Bianca und sonstigen besonders involvierten Schüler*innen führen (zum Ablauf solcher Gespräche ▶ Kap. 3.5), um zum eigenen konstruktiven Verhalten in sozialen Situationen zu beraten und bei Selbstreflexion und Weiterentwicklung zu helfen.

3.3 Problemen im Entstehen begegnen: Präventive Strategien auf Unterrichtsebene

Werden positive Beziehungserfahrungen zwischen Lehrpersonen und Schüler*innen und zwischen den Schüler*innen untereinander ermöglicht, etwa indem die oben genannten Dimensionen von Beziehungen im Klassenverband konsequent berücksichtigt und angewandt werden, ist bereits eine sehr gute präventive Basis für konstruktive Lernumgebungen und einen weitgehend störungsfreien Unterrichtsablauf geschaffen: Wenn Schüler*innen sich im Unterricht wohl und wertgeschätzt fühlen, erfahren, dass ihre Bedürfnisse gesehen und wahrgenommen werden, dass sie Einfluss auf das Unterrichtsgeschehen haben und einen autoritativen Führungsstil von Seiten der Lehrperson erfahren, die sowohl strukturierend als auch wertschätzend agiert, lernen sie motivierter und erfolgreicher, bringen bessere Ergebnisse und die Lernumgebungen sind deutlich störungsärmer als bei Lehrpersonen, die stattdessen reaktiv-strafend und zurechtweisend agieren (z.B. Mitchell & Bradshaw, 2013; Montuoro & Lewis, 2015; Pas et al., 2015; Romi, Lewis, Katz & Qui, 2008; Woolfolk Hoy & Weinstein, 2006; Wubbels et al., 2015).

Über die Beziehungsdimension hinaus sind aus Forschung und Praxis zahlreiche präventive Methoden bekannt, die sich im konkreten Unterrichtsalltag als besonders effektiv in der Gestaltung störungsarmer, produktiver Lernumgebungen in der Sekundarstufe erwiesen haben. Diese sollen nachfolgend zusammengefasst und ihr Zusammenhang insbesondere mit den Zielen und Anliegen beziehungsorientierter Klassenführung aufgezeigt werden.

3.3.1 Arbeit mit Regeln und Erwartungen

Als eine zentrale Säule für die präventive Herstellung und Erhaltung einer produktiven Lernumgebung ist die Arbeit mit *Regeln* und

Erwartungen zu nennen. Spätestens seit Good und Brophy (2003) die Regelarbeit zum damaligen »Standard« der präventiven Klassenführung (der weitestgehend durch die Kounin'schen Erkenntnisse zu Unterrichtsfluss, Momentum, Allgegenwärtigkeit u. a. geprägt war) hinzufügten, ist die Wichtigkeit von klaren, für die Schüler*innen in Bedeutung und Inhalt nachvollziehbaren Regeln für Verhalten und Gestaltung des Unterrichts unumstritten. Während die Regelarbeit im Primarstufenbereich schon deshalb einen wichtigen Platz in der Klassenführung einnimmt, weil sie Unterricht oft erst ermöglicht (Bsp.: Aufzeigeregel) und immer wiederkehrende, belastbare Rituale gerade jüngeren Kindern ein Gefühl der Sicherheit, Kontrollierbarkeit, Fairness und Vorhersagbarkeit vermitteln (alles Aspekte, die im Übrigen auch älteren Schüler*innen wichtig sind; vgl. Alderman & Green, 2011; Woolfolk Hoy & Weinstein, 2006), verändern sich Art, Anzahl und Inhalt wichtiger Regeln mit zunehmendem Alter der Schüler*innen verständlicherweise; doch bleibt ihre »Grundwirkung«, nämlich jene einer Strukturierung des Arbeitsumfeldes, des Umgangs miteinander und eines nachvollziehbaren gemeinsamen Rahmens, innerhalb dessen produktives Lernen stattfinden kann, genauso aufrecht.

Die generelle Empfehlung lautet hierbei, Regeln möglichst früh zu Beginn des Schuljahrs gemeinsam zu entwickeln und zu dokumentieren (als Basis für die weitere Zusammenarbeit), aufmerksam für deren Einhaltung zu sorgen (dies ist eine gemeinsame Verantwortung von Schüler*innen und Lehrperson!) und sie im Verlauf gegebenenfalls nach Bedarf zu erweitern oder zu verändern (vgl. auch Wubbels, 2011). Nolting (2017) empfiehlt darüber hinaus folgende Grundsätze für effektive Regelarbeit:

- *So wenige wie möglich*: Da die Schule ohnehin voller Regeln ist, erscheint es sinnvoll, sich beim Aufstellen von Regeln, die für den Unterricht in der Klasse gelten sollen, auf die notwendigsten zu beschränken. Welche das sind, unterscheidet sich von Klasse zu Klasse und zwischen den Schulstufen; während ein neu zusammengesetzter Klassenverband oder einer mit eher schlechtem Grundklima – neben konsequenter Arbeit auf Beziehungsebene – vor allem Regeln für den Umgang miteinander – auch im Unterricht – brauchen wird, profitieren andere Jugendliche vor allem von lernstrukturierenden Regeln, die ihnen – z. B. über klare Abgabetermine und -modalitäten – die eigene Lernorganisation erleichtern.

- *So positiv wie möglich*: Nolting (2017) empfiehlt aus kognitionspsychologischen Gründen (Verarbeitung von Verneinungen im Gehirn, Wahrnehmungsfehler) eine positive Formulierung von Regeln (z. B. also »Ich lasse Andere ausreden« statt »Ich unterbreche die Anderen nicht«). Im Sinne beziehungsorientierter Klassenführung macht dies auch deshalb Sinn, weil der Fokus von Lehrpersonen und Schüler*innen gleichermaßen weg vom unerwünschten und hin zum erwünschten Verhalten geführt werden soll (vgl. auch Wubbels, 2011). Dies gelingt besser, wenn klar ist, wie ein solches erwünschtes Verhalten genau aussieht – beispielsweise, weil es in Form einer Regel ausformuliert wurde.
- *So einsichtig wie möglich* sowie *so kooperativ wie möglich*: Diese beiden Kriterien nach Nolting (2017) lassen sich gut in eines zusammenfassen, da sie das gleiche Prinzip ausdrücken, nämlich jenes von Partizipation (Teilhabe) und Kontrolle. Die aus der motivationalen Forschung vielen geläufige Selbstbestimmungstheorie nach Ryan & Deci (2019) definiert bekanntlich drei zentrale Triebfedern intrinsischer Motivation, also der Ausführung einer Tätigkeit aus eigenem Antrieb heraus: Autonomie, Kompetenzerleben und soziale Eingebundenheit. Gemeinsame Regelaufstellung ist deshalb effektiv, weil sie alle drei Ansprüche erfüllt: die Schüler*innen nehmen war, dass ihre Meinung gefragt ist und es um die optimale Gestaltung ihrer eigenen Lernumgebung geht (Autonomie); sie werden als gleichberechtigte Gesprächspartner*innen wahrgenommen und können die Rahmenbedingungen ihres schulischen Lernens aktiv und verantwortungsvoll mitgestalten, anstatt sie von außen/von oben »aufgedrückt« zu bekommen (Kompetenz); und erleben sich in einem demokratischen Prozess als vollwertiges Mitglied mit einem gemeinsamen

Anliegen, das es in der Gruppe und für die Gruppe zu lösen gilt (soziale Einbindung). Sind diese Voraussetzungen gegeben, die Regeln aus der Gruppe entstanden und deren Wichtigkeit den Mitgliedern (zumindest zum Großteil) einsichtig, erhöht dies also die Wahrscheinlichkeit einer intrinsischen Motivation zur Regeleinhaltung, die wenig bis keiner Abmahnungen von außen bedarf – sicherlich die »Idealform« der Regelarbeit. Aus dem gleichen Grund ist Teilhabe an der physischen Gestaltung des schulischen Umfelds (Bsp. gemeinsame Dekorationen, Zeichnungen, Wandgestaltung) nicht nur ein nettes »Nebenprodukt« aus dem Kunstunterricht, sondern auch ein sehr probates präventives Mittel gegen Vandalismus in der Schule: *»was Schüler*innen selbst gestaltet haben, zerstören sie nicht«* (Heil, 2014; vgl. auch Kessler & Strohmaier, 2009).

Sicherlich ist aufgefallen, dass in der Kapitelüberschrift nicht nur von Regelarbeit, sondern auch von der *Arbeit mit Erwartungen* die Rede war. Dies ist nicht zufällig und hat mehrere Gründe. Zum einen ist der Begriff *Regeln* insbesondere im deutschen Sprachraum – und hier nochmals vermehrt im schulischen Umfeld – nicht unbedingt positiv konnotiert; der Begriff alleine mag – insbesondere nach Jahren pandemiebedingter Restriktionen – bei vielen Menschen schon beim ersten Hören eine natürliche Reaktanz[15] auslösen. Zum zweiten sind Regeln im Zusammenhang mit Klassenführung per Definition (Nolting, 2017) *»Erwartungen an das Verhalten in bestimmten Situationen«* – und diese Erwartungen gilt es zu kommunizieren. Nicht jede Lehrperson hat die gleichen Erwartungen an ihre Schüler*innen; Toleranzschwellen und Vorstellungen von einem funktionierenden Lernklima sind erwiesenermaßen so verschieden wie die Lehrpersonen selbst (vgl. Woolfolk-Hoy & Weinstein, 2006). Gerade im Verhaltensbereich wird vieles als selbst-

---

15 *Reaktanz* = psychologisches Phänomen der spontan-negativen Reaktion auf eine wahrgenommene Einschränkung der persönlichen Freiheit und Ergreifen von Maßnahmen zur Wiederherstellung dieser Freiheit.

3.3 Problemen im Entstehen begegnen: Präventive Strategien

verständlich vorausgesetzt, ist es aber im Lebensumfeld vieler Schüler*innen nicht (Bsp. wertschätzender Umgang miteinander, andere ausreden lassen, zuhören, Konflikte gewaltfrei austragen). Und schließlich – und hier kommen wieder die Grundanliegen beziehungsorientierter Klassenführung ins Spiel – stellt die klare Kommunikation von Erwartungen an die Schüler*innen in Bezug auf ihr Arbeitsverhalten, Sozialverhalten, Eigenverantwortung usw. einen wichtigen *strukturierenden* Rahmen dar, der den Schüler*innen in Bezug auf Lernumfeld und die Lehrperson Klarheit und Sicherheit gibt. Wichtig ist jedoch, dass sie – am Beginn des Schuljahres und dann immer wieder, wenn es passend erscheint – offen ausgesprochen werden; gleichzeitig können auch die Schüler*innen zu Wort kommen, was sie sich von der Lehrperson erwarten, damit ihr Lernen möglichst erfolgreich verlaufen kann. Wenn Schüler*innen auf diese Frage antworten, werden *Fairness* und *Transparenz* von Seiten der Lehrperson ganz besonders betont (Mitchell & Bradshaw, 2013; Montuoro & Lewis, 2015; Riley, Lewis & Brew, 2010; Romi et al., 2008; Woolfolk Hoy & Weinstein, 2006). Jugendliche haben sehr feine »Antennen« für (un-)faire Behandlung und wünschen sich Lehrpersonen, die aufgestellte Regeln selbst ernst nehmen und für deren Einhaltung Sorge tragen (ebenda). Daraus ergibt sich also, dass die eigene Einhaltung der getroffenen Vereinbarungen für deren Erfolg ganz zentral ist und von den Schüler*innen genau beobachtet wird (Bsp.: eigene Pünktlichkeit, Konzentration, Arbeitshaltung, wertschätzender Umgang). Aus dem gleichen Grund sollte sich die Lehrperson nicht mit »halben Erfolgen« zufrieden geben, wenn es um das Einhalten von Vereinbarungen geht; bestes Beispiel ist die »Übertönungsstrategie« (so bezeichnet von Nolting, 2017), bei der die Lehrperson bei erhöhter Lautstärke im Klassenzimmer ihren Vortrag zwar vielleicht unterbricht oder die Stimme moduliert, bis es etwas leiser geworden ist, aber nicht lange genug wartet, bis tatsächlich die gesamte Aufmerksamkeit zu ihr zurückgekehrt und vollständige Ruhe eingekehrt ist – oft mit dem Ergebnis, dass sie kurz darauf wieder 25 Schüler*innen »überschreien« muss, was einem konstruktiven Lernumfeld für alle Beteiligten abträglich ist. Das heißt mit anderen Worten: die getroffenen Vereinbarungen ständig im Blick zu haben, auf Unstimmigkeiten sofort (!), konsequent (im Sinne von immer) und einheitlich zu reagieren, sind unabdingliche Bedingungen für gelingende Regelarbeit. Erleben die Schüler*innen ihre Lehrperson auf diese Weise modellhaft, als sie die Vereinbarungen ernst nimmt und fair und transparent reagiert, regt dies die Selbstregulation der Schüler*innen – hin zur internalen Verhaltenssteuerung; vgl. Emmer & Sabornie, 2015; Wubbels, 2011 – konstruktiv an. Hinzu kommt, dass eine Lehrperson, die selbst die getroffenen Vereinbarungen einhält, im Gegenzug auch von den Schüler*innen die Einhaltung glaubhaft einfordern kann.

Exkurs: Konsequenzen und Strafen – sinnvoll oder nicht?

Wenn über Regeln im Zusammenhang mit Klassenführung gesprochen wird, ist meist die Frage nach *Konsequenzen* nicht weit. Für gewöhnlich sind damit negative Konsequenzen bei Regelübertretungen gemeint, auf die gleich eingegangen werden soll; zunächst soll aber in diesem Zusammenhang noch einmal darauf hingewiesen werden, dass die Prinzipien beziehungsorientierter Klassenführung vor allem über die *Steuerung mit positiven Mitteln* gut umgesetzt werden können, da diese den beziehungsförderlichsten (und lerntheoretisch betrachtet auch den nachhaltigsten) Effekt haben. In Bezug auf Regelarbeit bedeutet das, dass primär nicht so sehr problematisches/unerwünschtes Verhalten im Zentrum der Aufmerksamkeit der Lehrperson stehen sollte, sondern positives, wünschenswertes Verhalten der Schüler*innen, sei es Lernverhalten, Aufmerksamkeit, Arbeitshaltung oder Sozialverhalten betreffend. Ein solches Verhalten sollte von der Lehrperson *bewusst gesehen, wahrgenommen und rückgemeldet* werden, um sein Wiederauftreten zu fördern. Auch das *bewusste Schaffen attraktiver Anreize* für wünschenswertes Verhalten gehört hier dazu; wenngleich es manchen Lehrpersonen widerstreben mag, für etwas, was man selbst als selbstverständlich

3.3 Problemen im Entstehen begegnen: Präventive Strategien

betrachtet, lobende Worte oder Anreize zu finden (Bsp. ordentliche Heftführung oder Vermeiden von Schimpfwörtern u. ä.), ist es doch im Sinne nachhaltiger Verhaltensänderung ein effektiver Weg.

Manche Schulen haben in ihren Verhaltensvereinbarungen bereits einen expliziten Fokus auf positive Verhaltensweisen verankert und Anerkennungssysteme für Schüler*innen etabliert, die etwa Anderen besonders helfen, sich für die Schulgemeinschaft einsetzen u. ä. Ein ähnlicher Fokus im Klassenverband hilft bereits enorm, konstruktives Verhalten zu bestärken.

Bei gut etablierter Regelarbeit (s. oben) genügt häufig auch schon ein In-Erinnerung-Rufen der Vereinbarung oder ein kurzer Hinweis, um eine Übertretung »unaufgeregt« zu quittieren und wieder zum Thema zurückzulenken; generell sollte die Reaktion dem »Vergehen« in Stärke und Ausmaß angemessen und möglichst wenig invasiv sein (vgl. auch Piwowar, 2014; Nolting, 2017).

Werden Vereinbarungen aber absichtlich, wiederholt oder in besonders starkem Ausmaß übertreten, erwarten sich auch die Schüler*innen selbst konsequentes und effizientes Eingreifen der Lehrperson (vgl. Montuoro & Lewis, 2015; Woolfolk Hoy & Weinstein, 2006). Gleichzeitig zeigt die Forschung einhellig (vgl. ebenda; Mainhard et al., 2011; Riley, Lewis & Brew, 2010; Romi et al., 2008), dass negative Reaktionen der Lehrperson, und insbesondere Strafen (dazu gehören auch verbale Bloßstellungen!), a) *immer* beziehungsbelastend sind und b) das Verhalten nicht nachhaltig verändern; es tritt (meist unbeobachtet) wieder auf. Warum ist das so? Lerntheoretisch ist dies erklärbar, da die negativen Gefühle, die eine Zurechtweisung/Strafe/negative Konsequenz auslöst, so gut wie nie mit dem eigenen Fehlverhalten, sondern stattdessen mit der Person assoziiert werden, die die negativen Gefühle hervorruft – im Regelfall ist das das erwachsene Gegenüber. Diese Gefühle (meist Ärger, Wut oder Traurigkeit auf Schüler*innenseite) führen dann allzu schnell zur negativen Spirale aus Reaktion und Gegenreaktion (z. B. erneute Provokation, anderweitiger Ausdruck von Geringschätzung, regelmäßige »Machtspielchen« im Klassenzimmer), die Mainhard et al. (2011) so treffend beschrieben haben.

3 Klassenführung durch Beziehung – so gelingt's

Ebenso schnell findet sich die Lehrperson dann in reaktiven Verhaltensweisen gefangen, die bekanntlich weder für die Problemlösung noch für die Klassenführung besonders effektiv sind (▶ Kap. 2). So sollte von Seiten der Lehrperson versucht werden, den Eskalationsgrad von vornherein möglichst niedrig zu halten, indem sie auf Provokationen auf Schüler*innenseite nicht eingeht, selbst freundlich, aber bestimmt bleibt und ohne Umschweife zum Thema zurückführt (konkrete Möglichkeiten hierfür ▶ Kap. 3.4). Wenn aber negative Konsequenzen notwendig erscheinen (und dies ist dann der Fall, wenn der/die Schüler*in selbst, andere Personen oder Eigentum gefährdet werden, und/oder das Verhalten, wie oben beschrieben, mit deutlicher destruktiver Absicht und wiederholt auftritt), empfehlen sich aus lernpsychologischer Sicht folgende Grundlagen, um deren Wirksamkeit zu erhöhen:

- Zeitliche Kontingenz: die negative Konsequenz soll dem Fehlverhalten möglichst unmittelbar folgen
- Die Konsequenz soll in möglichst nachvollziehbarem und sinnvollem Zusammenhang mit dem Fehlverhalten stehen (»Wiedergutmachung«) und dieser Zusammenhang sollte klar betont werden
- Die Konsequenz sollte für den/die Betreffende nachvollziehbar, fair und transparent sein (z. B. gleiche Regeln gelten für alle; vorab gemeinsam Konsequenzen für Übertretungen vereinbaren; klare Verständigungsketten an der Schule u. ä.)
- Die Konsequenz sollte subjektiv möglichst bedeutsam sein (Leitfrage: was ist für die betreffende Person sinnvoll?) und keine »Auswege« offenlassen
- Besonders bei Kindern und Jugendlichen mit besonderen Herausforderungen im Verhaltensbereich (Bsp. sonderpädagogischer Förderbedarf, Autismus-Spektrum-Störungen, ADHS u. ä.) sollten negative Konsequenzen (wenn überhaupt!) erst am Ende eines »Frühwarnprozesses« stehen, bei dem den Kindern z. B. über verschieden farbige Karten signalisiert wird, dass Sie als Lehrperson eine Annäherung an eine Grenze wahrnehmen.

3.3 Problemen im Entstehen begegnen: Präventive Strategien

Erklärtes Ziel jeder Konsequenz und reaktiven Strategie sollte sein, den Schüler*innen Alternativen für ihr Verhalten aufzuzeigen (d. h. immer und konsequent dazusagen, was man sich stattdessen erwartet), zwischen Fehlverhalten und Person klar zu trennen (auch in der eigenen Wortwahl), Konsequenzen in einen eindeutigen und nachvollziehbaren Zusammenhang mit dem Verhalten zu stellen sowie zu einem positiven Abschluss zu finden (z. B.: für Wiedergutmachung bedanken, für eigene Fehler/Ungerechtigkeit entschuldigen, Beziehung wiederherstellen). Ebenfalls soll erinnert werden, dass die Schüler*innen von uns dabei unterstützt werden sollen, sich besser kennenzulernen und ihre Selbststeuerungs- und Selbstregulationsfähigkeiten zu entwickeln – und der konstruktivste Weg dorthin führt nicht über (internalisierte) Strafen und Zwänge, sondern über den Ausbau der eigenen (möglichst breit gefächerten) emotionalen- und Verhaltenskompetenzen. Aus denselben Gründen ist von *Kollektivstrafen* sowie von der *Instrumentalisierung der Klassengemeinschaft* für negative Konsequenzen (Negativbeispiel: mehr HÜ für alle, wenn Name eines/r Schuldigen nicht genannt wird) *unbedingt abzusehen.*

3.3.2 Herstellung und Erhaltung von Unterrichtsfluss, Klarheit und Struktur

Eine zweite bekannte und effektive Säule, wenn es um die Herstellung einer produktiven Lernumgebung geht, die der Entstehung von Störungen möglichst gut vorbeugt, liegt in der Vorbereitung und Durchführung eines reibungslosen, schwungvollen Unterrichts (vgl. Kounin, 2006; Nolting, 2017). Die effektive Lernzeit wird maximiert, indem Unterbrechungen und »Stehphasen« für einzelne Schüler*innen wie auch für die Gesamtgruppe vermieden werden, die Unterrichtszeit konstruktiv genutzt wird und das Vorgehen der Lehrperson für die Schüler*innen verständlich, planvoll und klar strukturiert erscheint. Tabelle 5 gibt einen Überblick über wichtige Elemente dieser Dimension und ihre erfolgreiche Umsetzung.

3 Klassenführung durch Beziehung – so gelingt's

Tab. 5: Maßnahmen zur Herstellung und Erhaltung von Unterrichtsfluss, Klarheit und Struktur

Ziel	Beispielhafte Maßnahmen
Herstellung eines lernbereiten Klimas zu Stundenbeginn und vor/nach selbstständigen Arbeitsphasen	Klare Signale oder Rituale einführen/kommunizieren, die den Beginn der Lernzeit markieren (Bsp.: Aufstehen, gemeinsames Begrüßungsritual, akustische oder visuelle Signale), mittige Position der Lehrperson im Raum, Herstellung von Ruhe und Aufmerksamkeit aller S/S, bevor die Arbeitsphase beginnt (Blickkontakt, konsequentes Abwarten). Vorgehen bei immer wiederkehrenden Übergängen (Bsp. Gruppenarbeiten) mit S/S besprechen, einüben und automatisieren.
Nicht für das Lernen relevante Aktivitäten klar von der inhaltlichen Lernzeit trennen	Nebenaktivitäten (Bsp. Geld einsammeln, Anwesenheitskontrolle, Klassenbucheinträge, Technik vorbereiten) bewusst aus der Unterrichtszeit, an Randzeiten (Stundenbeginn/-ende) oder in Phasen des Unterrichts auslagern, in denen die S/S dadurch nicht im Arbeiten gestört werden.
Effiziente Nutzung der Unterrichtszeit selbst zum Fokus machen, eigene und externe Störungen vermeiden	Selbst pünktlich sein, thematisch fokussiert und beim Thema bleiben, keine eigenen Ablenkungen/Unterbrechungen der Lernzeit produzieren (z. B. Unordnung oder Störverhalten nicht während der Lernzeit thematisieren), Störungen von außen minimieren (z. B. mit Kolleg*innen absprechen, wann organisatorische Dinge erledigt werden können, selbst nicht unangekündigt in den Unterricht von Anderen »hineinschneien«).
Unterbrechungen und Unruhe durch unvollständige Materialien vermeiden	Alle notwendigen Materialien vor Beginn der Lernzeit vorbereiten lassen, Nutzung von Arbeitsphasen für die Vorbereitung der nächsten Unterrichtsschritte (Tafelanschrieb, Arbeitsblätter austeilen, Technik vorbereiten),»Plan B«, d. h. Alternativen für jeden Unterrichtsschritt parat halten (Bsp. Technik-Fehlfunktion).
»Stehzeiten« durch Inaktivität von Schüler*innen vermeiden	Unterschiedliche Arbeitstempi in der Vorbereitung berücksichtigen, differenzierte Aufgaben und Materialien vorbereiten (z. B. Arbeitsblätter mit mehr und

3.3 Problemen im Entstehen begegnen: Präventive Strategien

Tab. 5: Maßnahmen zur Herstellung und Erhaltung von Unterrichtsfluss, Klarheit und Struktur – Fortsetzung

Ziel	Beispielhafte Maßnahmen
	weniger anspruchsvollen Aufgaben, Wahlmöglichkeiten, gestaffelte Hilfestellungen (Scaffolding) in unterschiedlichen Ausprägungen, attraktive (!) Alternativ- und Zusatzaufgaben anbieten, Sozialform variieren, bereits vorab klarstellen, was zu tun ist, wenn S/S früher oder später fertig sind.
Klare Arbeitsaufträge geben	Fehlerfreie, verständliche Arbeitsaufträge und selbsterklärende Materialien als »Königsweg« zum Unterrichtsfluss: Alle Arbeitsaufträge immer mündlich *und* schriftlich geben, während Arbeitsphase visualisiert lassen und auf Vollständigkeit und Verständlichkeit kontrollieren. Notwendige Inhalte jedes Arbeitsauftrags: klare Tätigkeitsbeschreibung (Bsp. Ausfüllen – Buch S. xy) – Zeitangabe/Abgabetermin – Angabe der Sozialform – Angabe des erwarteten Ergebnisses – ggf. Hinweise zur jeweiligen Methode (Bsp. Rollenverteilung bei Gruppenarbeit, technische Anleitungen u. ä.). Mit Ergebnissen aus Arbeitsaufträgen weiterarbeiten. Sich versichern, dass Gesamtgruppe arbeitet, bevor man sich einzelnen S/S zuwendet (Bsp. bei Verständnisproblemen).
Roten Faden des Unterrichts sichtbar machen	Stundenüberblicke und Zusammenfassungen geben, in logischer Reihenfolge und aufbauend vorgehen, Einbettung in weiteren thematischen Verlauf und Zusammenhang mit Zielen des Unterrichts und anderen Themen herausstellen
Effektives eigenes Zeitmanagement	Benötigte Arbeitszeit (jeweils abgestimmt auf Zielgruppe!) realistisch einschätzen, Zeit im Blick behalten, flexible Abweichungen im Prozess zulassen, wenn es dem Lernergebnis zuträglich ist

Anmerkungen: S/S = Schüler*innen; eigene Zusammenstellung und Zuordnung von Strategien basierend auf Berger & Fuchs, 2007; Kounin, 2006; Nolting, 2017; Piwowar, 2014; Wubbels, 2011.

In der Umsetzung dieser zweiten Säule ist augenscheinlich primär die Lehrperson gefordert, da viele der strukturierenden Maßnahmen zur Maximierung der echten Lernzeit bereits in der Planungsphase des Unterrichts mitberücksichtigt werden müssen (Bsp. Gestaltung von Übergängen, Entwicklung differenzierender Aufgaben, Vorbereitung eines »Plan B«). Jedoch sind in der konkreten Umsetzung auch die Schüler*innen eingebunden, wenn es etwa um die Abwicklung der vereinbarten Übergänge oder die Verantwortungsübernahme für das rechtzeitige Bereitstellen von Unterrichtsmaterialien geht. Und nicht zuletzt wirkt auch hier wieder das Verhalten der Lehrperson modellhaft für die Arbeitshaltung der Schüler*innen (vgl. Mainhard et al., 2011; Wubbels, 2011): Wird die Lehrperson als strukturiert und thematisch fokussiert erlebt sowie als jemand, der/die die Lerninhalte ins Zentrum stellt und offensichtlich gewillt und bemüht ist, das Beste aus der zur Verfügung stehenden Unterrichtszeit herauszuholen, fokussiert dies auch die Schüler*innen in ähnlicher Weise. Zur Überprüfung der eigenen Umsetzung von Unterrichtsfluss, Struktur und Zeitmanagement sei erneut auf das Inventar von Piwowar und Kolleg*innen (2013, 2014) verwiesen, das die Selbst- und Fremdbeurteilung dieser Dimensionen valide erlaubt (Fragebögen zum Download frei zugänglich; s. Literaturverzeichnis).

Fallbeispiel zur präventiven Unterrichtsgestaltung: »Die Technik ...!«

Die Lehrperson möchte zum Abschluss der thematischen Einheit »Klimazonen« im GWK-Unterricht mit ihren Schüler*innen der fünften Schulstufe ein Online-Quiz durchführen. Sie plant dafür 10 Minuten am Ende der Stunde ein. Sie hat den Schüler*innen in der Vorstunde Bescheid gesagt, dass sie in der heutigen Stunde ihre Smartphones benutzen dürfen und sie zu Stundenbeginn daran erinnert, diese bereitzulegen, weswegen die Schüler*innen sich schon freuen und gespannt sind, was die Lehrperson wohl in petto hat. Dementsprechend ist der Lärmpegel in der Klasse schon im Stundenverlauf etwas höher als sonst. Die Lehr-

3.3 Problemen im Entstehen begegnen: Präventive Strategien

person wird mit dem Stoff knapp zehn Minuten vor Stundenende fertig, öffnet am PC die Seite mit dem Code des Online-Quizz und bittet die Schüler*innen, sich dafür einzuloggen. Es breitet sich Unruhe aus, während alle Schüler*innen versuchen, die richtige Seite aufzurufen und sich für das Quiz zu registrieren. Bei manchen klappt es nicht, die Lehrperson bildet in diesen Fällen spontan Paare mit anderen Schüler*innen. Bis alle Schüler*innen einsatzbereit sind, sind drei Minuten vergangen und der Lärmpegel ist deutlich gestiegen. Die Lehrperson startet das Online-Quiz, einige Schüler*innen beschweren sich lautstark, dass sie ihre Antworten nicht eingeben können, während andere keine Probleme haben und sich über gute Platzierungen (Punkte) freuen. Nach den fünf ersten Fragen bleibt die Quizseite zunächst aus unerklärlichen Gründen hängen und stürzt wenig später ganz ab. Dies sorgt für großen Unmut bei jenen Schüler*innen, die bisher gute Platzierungen hatten, Schadenfreude bei jenen, die ihre Ergebnisse nicht einloggen konnten, und insgesamt große Unruhe in der Klasse. In diese Unruhe hinein läutet es, die Lehrperson kann sich nicht mehr verständlich machen.

Lösungsansätze im Sinne der beziehungsorientierten Klassenführung

- Die Lehrperson gibt schon zu Beginn der Stunde einen Stundenüberblick, aus dem hervorgeht, wann der Einsatz des Smartphones (sowie ggf. weiterer Materialien) dran ist und wofür es (inhaltlich) gebraucht wird (*Struktur, inhaltliche Fokussierung*).
- Einplanung von ausreichend Zeit für Durchführung, aber auch für *Vor- und Nachbereitung* der geplanten Methode (*Zeitmanagement; Planungskompetenz;* zeitlichen Puffer für Organisationsphase vorsehen). Methodische Durchführung in inhaltliche Vor- und Nachbereitung einbetten (*roter Faden, Herstellen von Zusammenhängen,* eigene *Fokussierung* auf Thema und Lernziele statt auf bestimmte Methode).

- »Plan B« für technische Schwierigkeiten bereit halten, z. B. Fragen in Papierform/als Arbeitsblatt o. ä. mitbringen für Möglichkeit der spontanen Umplanung im Prozess. Statt Online-Quiz am Stundenende oder in Folgestunde Arbeitsblatt ausgeben, freiwillige Abgabe als Mitarbeitsleistung positiv einbeziehen (*Fokussierung auf Inhalt, Lernziele, passende Arbeitsaufträge, positives S-Verhalten verstärken*).
- S/S, die sich um Problemlösung bemüht haben und Kolleg*innen unterstützt haben, positiv wahrnehmen und bestärken (*Fokus auf positives Sozialverhalten*).
- Signal für Übergänge von einer Arbeitsphase zur nächsten sowie zur Wiederherstellung von Aufmerksamkeit bei Unruhe überlegen und einführen (*klare Übergänge*). Bei Unruhe zunächst Aufmerksamkeit wiederherstellen und dann erst fortsetzen (*Struktur, Stehzeiten vermeiden*).
- Zeit während Unterrichtsstunde besser im Blick behalten und nicht unbedingt notwendige Inhalte zu Gunsten zentraler Bausteine verschieben oder ausklammern. Stunde selbst aktiv beenden. Schüler*innen über Veränderungen im Ablauf informieren und diese begründen (*Zeitmanagement, Wertschätzung*).

3.3.3 Schüler*innen aktivieren und einbinden

Schon im vorigen Absatz wurde angedeutet, dass die Einbindung und Aktivierung aller Schüler*innen in aktives Lernen, idealerweise in einem Großteil der Unterrichtszeit, als weiterer Schlüssel zu einer konstruktiven und störungsfreien Lernumgebung angesehen werden kann. Auch diese Erkenntnis geht auf Kounin (2006) zurück und wurde seitdem breit aufgegriffen, validiert und in ihrer Bedeutung für die Klassenführung wiederholt bestätigt (vgl. u. a. Nolting, 2017; Piwowar, 2013, 2014; Wettstein & Scherzinger, 2018; Wubbels, 2011). Laut Piwowar (2014) aktiviert die Lehrperson die Schüler*innen dann zielführend, wenn sie deutlich macht, dass sie eine engagierte Beteiligung von jeder/m Einzelnen erwartet (vgl.

3.3 Problemen im Entstehen begegnen: Präventive Strategien

»hohe Erwartungen« im Rahmen der beziehungsorientierten Klassenführung), wenn sie Wege findet, auch zurückhaltende Schüler*innen in den Unterricht einzubinden, und dafür sorgt, dass alle Schüler*innen etwas zu tun haben, d. h. dass alle sich aktiv mit dem Unterrichtsgegenstand auseinandersetzen. In der Umsetzung einer solchen Aktivierung können sowohl *methodische* als auch *didaktische Mittel* genutzt werden. So bieten sich all jene Lernformen an, die von vornherein auf hoher Eigenaktivität gründen, wie selbstständige Arbeitsphasen anhand eines Wochenplans, Einzel- oder Gruppenarbeit. Klare, verständliche Aufgabenstellungen (▶ Tab. 5) minimieren auch hier Unterbrechungen und stellen Konzentration sicher. Im Plenum ist von Seiten der Lehrperson eine interaktive Gestaltung gefragt, die sich laut Nolting (2017) sowohl im *Agieren* (Bsp. Stellen von offenen, zum Mitdenken anregenden Fragen; Bewegung im Raum; ausdrucksstarke Mimik und Gestik sowie Stimmvariation im Vortrag; abwechslungsreiche methodische Darbietung) als auch im *Reagieren* zeigt (z. B. alle Schüler*innen einmal drannehmen; nach Fragen Zeit zum Nachdenken geben, den Blick schweifen lassen, aufgenommene Antworten wertschätzen, aufgreifen und verstärken; Ergebnisse breit kontrollieren und mit ihnen weiterarbeiten u. a. m.). Auch gezieltem *Motivieren und Belohnen* kommt in der Aktivierung der Schüler*innen eine besondere Rolle zu. Dabei muss Belohnung, wie Nolting (2017) richtig betont, nicht zwingend eine tatsächliche physische Belohnung sein; eine echt formulierte, ehrlich ausgedrückte Wertschätzung der Lehrperson für eine Leistung, das Aufgreifen von Beiträgen oder das Ausstellen von Arbeitsergebnissen haben ebenfalls einen entsprechenden motivationalen Effekt. Wieder ist für die Wirkung die subjektive Bedeutsamkeit des Lobs/der Belohnung für den/die Schüler*in zentral. Bei allen positiven Rückmeldungen (mündlich wie schriftlich) sollte präzise und sachlich angegeben werden, worauf sich das Lob bezieht, der individuelle Fortschritt sollte betont werden (individuelle Bezugsnorm) und eine internal-variable (d. h. in der Person liegende, aber durch Anstrengung veränderbare) Ursachenzuschreibung sollte durch die Formulierung des Feedbacks gefördert werden.

Eng mit der breiten Aktivierung verbunden ist die Dimension des *Monitorings* sowie jene der *Vigilanz (Aufmerksamkeit/Wachsamkeit)*, d. h. die Fähigkeit der Lehrperson, alle Schüler*innen aufmerksam im Blick zu behalten und mehrere Geschehnisse in der Klasse gleichzeitig wahrnehmen sowie darauf reagieren zu können (vgl. Doyle, 2006; Kounin, 2006; Nolting, 2017; Piwowar, 2014). Ist für die Schüler*innen ersichtlich, dass die Lehrperson zu jeder Zeit weiß, was in der Klasse vor sich geht, hat dies eine stark präventive Wirkung auf mögliches Störverhalten (ebenda). Dabei ist mit »Wachsamkeit« in diesem Zusammenhang keine »negative«, im Sinne von ängstlicher, kontrollierender Aufmerksamkeit gemeint, sondern eine positive Aufmerksamkeit auf die Schüler*innen und ihre Aktivitäten, die signalisiert: »Ich sehe Dich, Du bist mir wichtig; mir ist nicht egal, was Du machst.« Dies kann auch effizient über nonverbale Signale erfolgen, wie Blickkontakt, eine beschwichtigende Geste, eine Bewegung in Richtung des/r betreffenden Schüler*in u. a.

3.3.4 Präsenz zeigen

Wurde bereits bisher immer wieder auf die Bedeutung nonverbaler Signale, von Bewegung im Raum usw. zum Ausdruck der *Allgegenwärtigkeit* der Lehrperson im Unterricht (Kounin, 2006) hingewiesen, soll abschließend nochmals darauf eingegangen werden, was *Präsenz* durch die Lehrperson im Klassenraum ausmacht, da insbesondere junge Lehrpersonen durch diese Frage des Öfteren verunsichert sind (van Tartwijk & Hammerness, 2011). Hierbei können sowohl die physische als auch die »geistige« Präsenz bedacht werden. *Physische Präsenz* bedeutet im Zusammenhang mit Klassenführung, die Aufmerksamkeit der Schüler*innen durch gezielte Bewegung im Raum, mittige Position, Blickkontakt, eine klare, deutliche Stimmlage und deren bewusste Modulation sowie Mi-

3.3 Problemen im Entstehen begegnen: Präventive Strategien

mik und Gestik zu bündeln und mitzunehmen. Ebenso bedeutet gelungene physische Präsenz z. B. in selbstständigen Arbeitsphasen keine »bedrohliche« oder störende, da zu nahe/unterbrechende Gegenwart der Lehrperson, sondern das Signalisieren von durchgehender Aufmerksamkeit und Ansprechbarkeit über das Schweifen des Blickes z. B. vom eigenen Tisch aus, ohne sich (zu viel) anderen Tätigkeiten zu widmen. *Geistige Präsenz* meint dementsprechend die eigene volle Konzentration auf den Unterrichtsinhalt und die einzelnen Schüler*innen und drückt wiederum Wertschätzung und Respekt aus. Dazu gehört das Erinnern von Namen und Details zu Schüler*innen ebenso wie für die Klasse bedeutsame Geschehnisse, das eigene ausschließliche Widmen der Aufmerksamkeit an die Klasse und deren Anliegen ohne Ablenkungen und Unterbrechungen für die Dauer der Unterrichtszeit, und das – zumindest zeitweilige – Hintanstellen der eigenen Befindlichkeit. Im Sinne der für die Beziehung so wichtigen *Echtheit* kann und soll die Lehrperson die Schüler*innen natürlich informieren, wenn Umstände auftreten, die eine solche gezielte Aufmerksamkeit zeitweilig unmöglich machen, doch die »Basiskonfiguration« sollte eine einer ungeteilten Aufmerksamkeit auf die Klasse und den Lerngegenstand sein, um auch die Schüler*innen zu einer solchen Haltung anzuleiten.

Werden zusätzlich zur nonverbalen Präsenz kurze verbale Signale notwendig, etwa weil die Unaufmerksamkeit zu groß ist, um physische Präsenz effektiv wahrnehmen zu können, sollten diese möglichst kurz und knapp formuliert sein (Störung des Unterrichtsflusses minimieren; Bsp. Störer*in mit Namen ansprechen), positiv und als Bitte gehalten werden (z. B. »Bitte schau zu mir« statt »Nicht ratschen«; Nolting, 2017) und einen positiven Abschluss nach sich ziehen (»Danke« o. ä.), um wiederum die Aufmerksamkeit aller Beteiligten auf das erwünschte (statt auf das unerwünschte) Verhalten zu lenken. Wenn ein solches Eingreifen früh genug und anfangs häufig und konsequent erfolgt (Aufmerksamkeit der Lehrperson auf vereinbarte Regeln), minimiert dies die Auftretenswahrscheinlichkeit weiterer Störungen (Nolting, 2017;

Wubbels, 2011). Dazu müssen freilich die Erwartungen der Lehrperson von Anfang an klar sein (▶ Kap. 3.3.1) und für ihr Gelingen ein freundliches, wertschätzendes Interaktionsklima bestehen bleiben.

**Fallbeispiel: »Aller Anfang ist schwer ...(?)«:
Präsenz herstellen am Stundenanfang und Beziehungsaufbau zur (»Problem«-)Klasse**
Die (junge) Lehrperson betritt zum ersten Mal die etwas »verschriene« 4b für die erste Unterrichtsstunde, nachdem im Semester die fachführende Kollegin krankheitsbedingt ausgefallen und sie selbst zur Vertretung auf unbestimmte Zeit eingeteilt ist. Die Lehrperson hat im Konferenzzimmer schon von den Kolleg*innen gehört, dass etliche von ihnen disziplinäre Schwierigkeiten mit der Klasse haben oder hatten und einige haben ihr lachend »viel Glück« gewünscht. Tatsächlich nimmt bei Betreten des Raums augenscheinlich keine/r der Schüler*innen Notiz von der Lehrperson, es wird laut weitergeredet, gelacht, gegessen etc.

Lösungsansätze im Sinne der beziehungsorientierten Klassenführung

- Bewegung zum Pult mit aufrechter Haltung und Gang (*nonverbal Präsenz zeigen*), Herrichten der eigenen Unterlagen und Arbeitsmaterialien (*Modellverhalten*).
- Einnahme einer mittigen Position im Raum, Blick schweifen lassen, Augenkontakt zu einzelnen Schüler*innen herstellen (*nonverbal Präsenz zeigen, in Beziehung treten*). Wo Blickkontakt gelingt, Schüler*in begrüßen (*Wertschätzung*). Abwarten, dabei kontinuierlich Blick schweifen lassen und Blickkontakt aufrecht erhalten. Ggf./je nach Passung zu eigener Person und fachlichem Kontext Ergänzung um deutliches visuelles oder akustisches Signal (vgl. Pfeife im Sportunterricht). Wirkung: Schüler*innen werden auf Präsenz aufmerksam, stoßen sich gegenseitig an, Lärmpegel nimmt ab, Aufmerksamkeit auf Lehrperson nimmt zu, schon allein aus Neugier.

3.3 Problemen im Entstehen begegnen: Präventive Strategien

- Weiter abwarten, bis vollkommene Ruhe hergestellt ist (*nicht mit »halben Erfolgen« zufrieden geben, keine Übertönungsstrategie*). Dann erst zu sprechen beginnen, Schüler*innen freundlich begrüßen (*positive Emotionen*), Vorstellen, eigenen Hintergrund erläutern (*Wertschätzung*), bei Unterbrechungen/ Unruhe freundlich, aber bestimmt um Ruhe bitten (*gegenseitiger Respekt, Wertschätzung, Modellverhalten*). Positiver Abschluss (anlächeln, »danke« o. ä.), wenn Bitte nachgekommen wird (*positive Emotionen, Verstärkung von positivem Verhalten*).
- Überleitung zu fachlichem Kontext (*thematische Fokussierung*) und eigenen Erwartungen hinsichtlich fachlicher und persönlicher Zusammenarbeit, dabei *positive Emotionen* fokussieren (»Ich freue mich auf die gemeinsame Arbeit«; *Echtheit, Wertschätzung*). Gegenseitige Erwartungen explizit machen (»damit ich Euch gut unterstützen kann, brauche ich ein paar Voraussetzungen. [...]; *Struktur, eigene Erwartungen explizit machen*). Inhaltliches ansprechen/Überblick geben (*Struktur*), S/S zu ihren Erwartungen und Voraussetzungen befragen (»Bestimmt wisst ihr auch schon gut Bescheid, was ihr im [Fach] – Unterricht braucht, damit die Sache für Euch funktioniert und ihr eure Zeit gut nutzen könnt [...]«; *Begegnung auf Augenhöhe, gemeinsame Verantwortung*). Dabei aufmerksam und aktiv zuhören, Blickkontakt zu sprechendem Schüler*in halten (*Wertschätzung*), dabei andere Schüler*innen im Blick behalten und durch Bewegung im Raum und nonverbale Signale für ungestörtes Gesprächsklima sorgen sowie möglichst viele Schüler*innen aktiv einbeziehen (*breite Aktivierung*).
- Namen und persönliche Informationen zu Schüler*innen so schnell wie möglich einprägen und in Folgestunden aktiv einbeziehen (*Wertschätzung, Wärme*).
- Wiederkehrende Rituale für Stundeneinstieg und Übergänge definieren und konsequent praktizieren (*Fluss, Struktur*). Regeln gemeinsam festlegen und Umsetzung einfordern (*Regelarbeit*).

- Besonders in »Problemklassen« von Anfang an expliziten *Fokus auf positives Verhalten* von Schüler*innen sowohl im Leistungs- als auch im Verhaltensbereich legen und Bemühungen von Schüler*innen entsprechend konsequent rückmelden und wertschätzen. Dabei mehr Zeit für Beziehungsaufbau einplanen und aus fachlichem Fortschritt Druck herausnehmen (u. a. *realistisches Zeitmanagement*). Von Beginn an *Gegenseitigkeit* hinsichtlich wertschätzendem Umgang miteinander und gemeinsame Verantwortung für Arbeit an gemeinsamem Ziel (gewinnbringender Unterricht, konstruktive Zusammenarbeit, erfolgreicher Jahresabschluss etc.) betonen und vorleben (*Begegnung auf Augenhöhe, Eigenverantwortung*).

Ist die Lernumgebung auf die genannte Art vor- und aufbereitet und sind die in Kapitel 3.2 (▶ Kap. 3.2) geschilderten Grundlagen der Zusammenarbeit auf Beziehungsebene stabil vorhanden, sind die Bedingungen für störungsfreien, produktiven und lernwirksamen Unterricht bereits sehr gut angelegt und die meisten Beeinträchtigungen können schon im Entstehen abgefangen werden. Was getan werden kann, wenn dennoch einmal ein Konflikt eskaliert oder eine reaktive Strategie notwendig wird, zeigt das nächste Kapitel.

3.4 Auf Konflikte richtig reagieren: Reaktive Strategien und Interventionen auf Unterrichts- und Beziehungsebene in Akutsituationen

In jeder schulischen Umgebung kommt es – aller präventiven Bemühungen zum Trotz – immer wieder zu Konflikten. Die Gründe dafür sind vielfältig und teilweise im System per se (Schule als

3.4 Auf Konflikte richtig reagieren: Reaktive Strategien und Interventionen

»Zwangsveranstaltung« mit festgelegtem, oftmals sehr rigiden Regelwerk für alle Beteiligten), teilweise im Persönlichen zu finden (vgl. im Detail Bönsch, 2004; Nolting, 2017; Wettstein & Scherzinger, 2018).

Für konstruktive Reaktionen auf Probleme und Störungen, die sich als Folge auf solche Konflikte ergeben, werden im Folgenden einige prinzipielle Grundhaltungen vorgestellt, die De-Eskalation fördern und gleichzeitig Beziehungen bewahren und – im Idealfall – sogar stärken können, bevor konkrete Strategien für das Eingreifen in Akutsituationen vorgestellt werden. Wenn die nachfolgenden Prämissen erfüllt sind, ist bereits eine starke de-eskalierende Grundlage vorhanden.

Akzeptanz der (Nicht-) Veränderbarkeit von Verhalten

Sehr oft wird von Konfliktparteien – gleich welcher Konstellation – das Verhalten des/r jeweils anderen als Kern des Problems empfunden. Gleichsam wird erwartet bzw. als Lösung des Problems gesehen, dass der/die Andere sein/ihr Verhalten in eine bestimmte Richtung ändern möge und es wird – mehr oder weniger deutlich – auf diese Verhaltensänderung gedrängt (vgl. auch Glasl, 2004). Während uns die pädagogisch-psychologische Forschung doch einige Methoden an die Hand gibt, wie Anreize für eine solche Verhaltensänderung geschaffen werden können und welche Umstände eine Verhaltensänderung wahrscheinlicher bzw. unwahrscheinlicher machen (vgl. dazu etwa die Ausführungen im Präventionskapitel zur Arbeit mit positiven Konsequenzen und die damit einhergehenden Gründe für das breite Versagen der meisten negativen Konsequenzen), ist letztlich an der Tatsache nicht zu rütteln, dass, so schwierig zu akzeptieren es auch sein mag, *nur das eigene Verhalten nachhaltig geändert werden kann.* Von dieser Erfahrung können etwa Angehörige psychisch belasteter Personen ein Lied singen: Erst wenn der Leidensdruck des/r Betroffenen für ihn/sie selbst unerträglich wird und eine Selbsteinsicht sowie ausreichend eigene Veränderungsmotivation gegeben ist, kann eine nachhaltige Entwicklung stattfinden. Impulse von außen laufen daher meist ins Leere oder sind nur von kurzem (Schein-)Erfolg gekrönt. Dasselbe gilt für den Lebensraum Schule: eine nachhaltige Verhaltensveränderung *muss* von der betreffenden Person selbst ausgehen – und dies wird in der Regel nur dann der Fall sein, wenn die Person selbst eine starke Veränderungsmotivation hat *und* durch die Veränderung eine Verbesserung der *eigenen* Situation zu erwarten ist (vgl. auch zu den motivationspsychologischen Grundlagen dieser Prämisse Heckhausen & Heckhausen, 2010).

Für die beziehungsorientierte Klassenführung birgt diese »simple« Tatsache mannigfaltige Konsequenzen: so wird etwa die Empfehlung nachvollziehbar, die Schüler*innen bei Konflikten zur eigenen Lösungsfindung anzuleiten oder sie selbst Regeln für das Miteinander in der Klasse entwickeln zu lassen. Aus dem gleichen Grund wird in diesem Buch so vehement auf die Bedeutung der *Selbstreflexion* der Lehrperson hingewiesen, die die eigenen Anteile an Problemen, Eskalationen, aber genauso an Erfolgen und konstruktiven Lösungen bewusst in den Blick nimmt. Es kann über die eigene Veränderungsmotivation (und das eigene Verhalten!) nachgedacht und das eigene Verhalten besser an die Situation angepasst werden, um einen konstruktiveren Umgang zu ermöglichen. Für die Veränderung von Schüler*innenverhalten bedeutet dies: 1.) den Schüler*innen selbst muss die Veränderung der Situation ein Anliegen sein; 2.) nur die Schüler*innen selbst können ihr Verhalten verändern, von außen können lediglich Anreize gesetzt werden, doch keine (nachhaltige, »echte«) Veränderung erzwungen werden; und 3.) eine positive Veränderungsmotivation wird sich nur einstellen, wenn der erwartete Zielzustand (viel) besser vom Schüler/der Schülerin bewertet wird als der Status Quo. Wir als Lehrpersonen können hierauf zwar hinwirken, sollen jedoch die Selbstverantwortung der Schüler*innen für ihr Verhalten akzeptieren – so schwer es auch fallen mag[16].

---

16 Gleichzeitig kann das Anerkennen der Selbstverantwortung der Schüler*innen für ihr Verhalten – wie auch für ihren Lernaufwand, ihre Arbeits-

3.4 Auf Konflikte richtig reagieren: Reaktive Strategien und Interventionen

Trennung von Sach- und Personenebene

Eine weitere wichtige Grundlage für ein konstruktives und beziehungsförderndes Verhalten (auch, aber nicht nur in Konfliktsituationen) ist die klare Trennung des Sachgegenstands (Bsp.: konkretes Störverhalten; fehlende Hausübung o. ä.) von der Person, um die es geht. Hilfreich ist dabei – neben gezielten Techniken der Gesprächsführung, die unter 3.5.1 (▶ Kap. 3.5.1) näher vorgestellt werden – das Üben und Anwenden genauer Beschreibungen ohne Wertungen oder Interpretationen (*Beobachtungssprache*). Scheinbare Kleinigkeiten in der Formulierung (»Du hast die Hausübung *schon wieder* nicht gemacht« (scheinbare Sachebene, jedoch vermischt mit Interpretation) oder »*Du bist so faul*« (eindeutig wertende Aussage auf Personenebene) vs. »Seit Semesterbeginn habe ich nur drei von fünf Hausübungen von Dir abgegeben bekommen« (nachvollziehbare Beschreibung eines Sachverhalts) haben sehr unterschiedliche Wirkungen. Während die Aussage auf Sachebene eine klare Benennung des eigentlichen Problems, eine konstruktive Auseinandersetzung damit und eine Vorwärtsorientierung ermöglicht, bringt die Aussage auf Personenebene den/die Betroffene*n in eine Haltung der Verteidigung und Rechtfertigung, begleitet von meist negativen Emotionen. Die Fähigkeit, zwischen Sache und Person klar zu trennen, erweist sich damit auch für Rückmelde- und Elterngespräche als sehr hilfreich und – de facto – als pädagogische Grundfertigkeit, wenn es um die mündliche wie schriftliche Dokumentation und Rückmeldung von Leistungen geht. Noch genauer beschreibt Schulz von Thun (1995) in seinem bekannten »4-Ohren-Modell« die Aussagekraft einer Nachricht und deren Wirkung auf den/die Empfänger*in nach Sachebene (»Deine Socken liegen auf dem Boden«), Beziehungsebene

---

haltung u. v. m. – für uns Lehrpersonen auch sehr entlastend wirken; ganz im Sinn der beziehungsorientierten Klassenführung, die die gemeinsame Verantwortung von Lehrenden und Lernenden für die Wirksamkeit von Unterrichtsprozessen betont. Verantwortung wird so geteilt, nicht abgegeben – und dies kann ruhig immer wieder betont werden.

(»Du erwartest Dir wohl, dass ich schon wieder hinter Dir herräume«), Selbstoffenbarung (»Ich fühle mich durch deine Socken gestört, weil ich es ordentlich mag«) und Appellebene (»Räum' Deine Socken weg!«). Eine Kenntnis dieses Modells, eine Reflexion der eigenen dominanten »Ohren« und die Beobachtung jener der Interaktionspartner kann – in Verbindung mit der konsequenten Kommunikation auf Sachebene – ebenfalls viel dazu beitragen, Spannungen zu minimieren, Missverständnisse auszuräumen und konstruktiv miteinander zu kommunizieren (s. auch Sacher et al., 2019).

Proaktiv agieren statt (zu spät) reagieren

Würden Forscher*innen der Klassenführung der letzten Jahrzehnte gebeten, die Vielzahl von Einzelbefunden in belastbare Leitsätze zusammenzufassen, über die sich die Forschungslandschaft einig ist, so würde einer von ihnen mit Sicherheit lauten: »*Präventive Handlungen sind immer effektiver als reaktive*« (▶ Kap. 2; zusammenfassend Wettstein & Scherzinger, 2018). Das rechtzeitige und proaktive Setzen von Schritten (also *bevor* es einen Anlassfall oder ein Problem gibt), sei es in Richtung einer guten Klassengemeinschaft als Basis für die Zusammenarbeit und den Zusammenhalt von Schüler*innen untereinander (▶ Kap. 3.2), sei es bezogen auf konkretes präventives Verhalten im Unterricht zum Unterbinden von Störungen des Unterrichtsflusses (▶ Kap. 3.3), oder bezogen auf die Unterstützung von Schüler*innen bei der Bewältigung persönlicher Probleme (▶ Kap. 3.5), kann damit mit Fug und Recht als ein Grundpfeiler beziehungsorientierter Klassenführung bezeichnet werden. Nicht nur, weil es nachgewiesenermaßen leichter und zielführender ist, Probleme im Entstehen aufzufangen, als festgefahrene Situationen wieder ins Lot zu rücken, sondern weil Beziehungsorientierung sich eben auch darin ausdrückt, dem Gegenüber zu vermitteln, dass er oder sie gesehen und ernst genommen wird, als Person wichtig, schützens- und liebenswert ist – und dazu gehört, den Anderen so konstant, präsent und aufmerk-

— 3.4 Auf Konflikte richtig reagieren: Reaktive Strategien und Interventionen

sam zu begleiten, dass Bedürfnisse wahrgenommen und antizipiert werden können.

Gemeinsame Verantwortung für einen gemeinsamen Weg – vermitteln und wahrnehmen

Ein Hauptgrund, warum sich viele Lehrpersonen im Bereich der Klassenführung überfordert fühlen (zusammenfassend van Tartwijk & Hammerness, 2011), ist neben mangelnder Vorbereitung während der Ausbildung die Wahrnehmung, für noch einen gefühlt »riesigen« Bereich in Schule und Unterricht alleinverantwortlich zu sein, von dessen Gelingen oder Misslingen die gesamte Lernumgebung, und damit der Erfolg des Unterrichts, des Lernertrags und – nicht zuletzt – das Selbst- und Fremdbild der Lehrperson selbst abzuhängen scheinen (▶ Kap. 3.1.: »die Disziplin und ich«). Aus Sicht dieses Buches ist dies einer verhängnisvollen Misskonzeption von Klassenführung geschuldet, die nicht zuletzt durch aktuelle Definitionen des Konstrukts, die diese Verantwortung ganz explizit in die Hände der Lehrperson legen, entstanden ist: wird doch besonders im deutschsprachigen Raum diese (Allein-)Verantwortung über Definitionen wie »Steuerungsleistung der Lehrkraft« (Piwowar, 2014) oder »Teilbereich der pädagogisch-psychologischen Kompetenz von Lehrpersonen« (z. B. Voss & Kunter, 2011) ausgedrückt. In Zeiten einer modernen Pädagogik, die in ihren führenden Modellen qualitätsvollen Unterricht als eine Frage des Angebots, aber auch dessen Nutzung (!) durch die Lernenden modelliert (Helmke, 2015), (dyadische) Beziehungen in Schule und Unterricht als Gelingensbedingungen von Lernen in den Fokus nimmt (u. a. Cornelius-White, 2007; Hagenauer & Rauhfelder, 2021; Schweer, 2016) und die Zusammenarbeit von Lehrpersonen und Schüler*innen als zentral auch für eine gelingende Klassenführung identifiziert (u. a. Montuoro & Lewis, 2015; Pianta, 2006; Wubbels et al., 2015), erscheint eine solch einseitige Auffassung von Klassenführung doch als zumindest fragwürdig. Wie für den Lernerfolg per se, kann auch für die Klassenführung die Eigenleistung der Schüler*in-

3 Klassenführung durch Beziehung – so gelingt's

nen für die Herstellung und Erhaltung einer produktiven Lernumgebung nicht außen vorgelassen werden. Wird den Schüler*innen eine solche Mitverantwortung explizit zuerkannt, ganz im Sinne der Übertragung des Angebot-Nutzungs-Modells von Unterricht (Helmke, 2015), hat dies nicht nur eine unmittelbare Auswirkung auf das Verständnis deren Rolle und der Wichtigkeit kollaborativer Prozesse wie etwa gemeinsamer Regelfindung (▶ Kap. 3.3), sondern nimmt auch der Lehrperson die Last der Alleinverantwortung von den Schultern, die in unserer Zeit in Schule und Unterricht ohnehin viel zu stark präsent ist. Aus Sicht dieser Arbeit ist es für beziehungsorientierte Klassenführung essenziell, die Schüler*innen als Mitverantwortliche für deren Gelingen anzusehen und dementsprechend Entscheidungen, die deren Gestaltung betreffen, gemeinsam und auf Augenhöhe zu treffen.

Diese Prämisse der gemeinsamen Verantwortung für einen gemeinsamen Weg und ein gemeinsames Ziel kann im Übrigen ebenso auf die Zusammenarbeit mit den Eltern der Schüler*innen übertragen werden (ein Bereich, in dem einseitige Zuschreibungen von Verantwortung besonders häufig zu finden sind – vgl. Sacher et al., 2019 sowie Schnebel, 2012, S. 92 für eine besonders scharfsinnige Analyse dieser gegenseitigen Zuschreibungen und deren Konsequenzen). Eine solche Grundhaltung erlaubt sowohl das Aufzeigen von Grenzen der eigenen Einflussmöglichkeiten als auch eine Bewusstmachung all jener Beiträge, die von Seiten aller Beteiligten eingebracht werden können und müssen, um eine konstruktive Weiterarbeit (an einem – es kann nicht oft genug betont werden – *gemeinsamen* Ziel) zu ermöglichen.

Positiver Blick nach vorne: die bewusste Vorwärts- und Ressourcenorientierung

Ressourcenorientierung, d. h. das bewusste In-den-Blick-Nehmen der Stärken und Fähigkeiten des Gegenübers, stellt in jedem Beratungssetting einen wichtigen Grundpfeiler dar. Sie erlaubt nicht nur die Aktivierung und Bewusstmachung der eigenen Möglichkeiten zur Bewältigung, sondern auch eine bewusste Fokussierung auf positives statt auf Problemverhalten, was sie in der beziehungsorientierten Klassenführung wiederum besonders relevant erscheinen lässt. Ähnlich verhält es sich mit der Vorwärtsorientierung in Konflikt- und Problemgesprächen. So kann es zur Klärung einer Situation zwar durchaus lohnend sein, wiederkehrende Konfliktpotentiale und deren Gründe zu beobachten, zu besprechen und zu analysieren; doch liegt die Lösung eines Problems auffallend selten in dessen Vergangenheit. Noch lohnender ist daher, gemeinsam zu überlegen, wie der Umgang miteinander und »aufgeladenen« Situationen in der Zukunft (d. h., »ab jetzt«) aussehen soll. Somit wird die »Vorwärtsorientierung« sowohl für die Klärung von Akutsituationen (z. B. Handgreiflichkeiten am Gang) als auch für die Unterstützung von Schüler*innen bei persönlichen Belastungen im Rahmen von Gesprächen Teil einer Grundhaltung all jener Lehrpersonen sein, die im Sinn einer beziehungsorientierten Klassenführung agieren wollen.

Aufbauend auf diesen Prämissen zeigen die folgenden Abschnitte, was Lehrpersonen tun können, wenn präventive Bemühungen zu kurz greifen und es gilt, akute Probleme zu klären und zu lösen. Dabei wird sowohl auf Konflikte zwischen Lehrperson und einer/m Schüler*in, zwischen Lehrperson und einer Klasse als auch auf die konstruktive Klärung von Konflikten unter Schüler*innen eingegangen.

3.4.1 Akute Konflikte unterbrechen und beziehungsfördernd de-eskalieren – Lehrperson vs. Schüler*innen (im Unterricht)

Fallbeispiel: Oppositionelles Verhalten beim Arbeitsauftrag
Die Lehrperson hat gerade einen Input zu Propagandamechanismen im Dritten Reich gegeben und teilt nun für die Verarbeitungsphase (Einzelarbeit) einen recht umfangreichen schriftlichen Arbeitsauftrag aus. Thomas (15) wirft einen abschätzigen

> Blick auf den Zettel, wirft ihn dann über die Tischkante auf den Boden und meint für die Lehrperson und die umsitzenden Mitschüler*innen gut hörbar: »Den Sch... mach ich jetzt sicher nicht«, lehnt sich dann im Sessel zurück, verschränkt die Arme und mustert die Lehrperson provozierend.

Wenn im Unterricht, wie im obigen Beispiel beschrieben, ein akuter Konflikt zwischen Lehrperson und einzelnen Schüler*innen entsteht, empfehlen sich im Sinne beziehungsorientierter Klassenführung folgende Elemente zu dessen Unterbrechung:

Auf der Sachebene bleiben. Der Schüler setzt mit obig beschriebenem Verhalten auf den ersten Blick eine eindeutige Provokation auf Personenebene Richtung der Lehrperson ab, doch sollte die Lehrperson versuchen, selbst auf der Sachebene zu bleiben und Thomas dorthin zurückzuholen, schon allein deswegen, weil die auf der Personenebene zwingend involvierten Emotionen eine sachliche Lösung verunmöglichen (vgl. auch Salkovsky et al., 2015; Riley, Lewis & Brew, 2010). Vielleicht zeigt Thomas auch nur eine überschießende Reaktion auf ein Verständnisproblem oder eine Überforderung. Dies kann in einem ersten Schritt ausgeschlossen werden, indem die Lehrperson eine inhaltliche Verständnisfrage stellt (»Kannst Du mir zeigen, womit Du Schwierigkeiten hast?« o. ä.) oder ein Aktivwerden des Schülers selbst vorschlägt (»Was wäre denn aus Deiner Sicht eine interessante Aufgabenstellung zu diesem Thema? Hast Du da eine Idee?«). Dieser Schritt erfolgt idealerweise erst, nachdem die Lehrperson sich (im Sinne der unter ▶ Kap. 3.3.3 beschriebenen breiten Aktivierung) vergewissert hat, dass die anderen Schüler*innen zu arbeiten begonnen haben.

An getroffene Vereinbarungen/Regeln erinnern und diesbezügliche Verantwortung der/s Schüler*in einfordern. Eine tragfähige Beziehung und konsequente gemeinsame Arbeit mit Regeln und gegenseitigen Erwartungen erlaubt es, auf gemeinsame Absprachen hinzuweisen und die/den betreffende/n Schüler*in an ihre/seine Seite des »Deals« zu erinnern (vgl. Eigenverantwortung der Schüler*innen für ihr Verhalten und ihre Lern- und Arbeitshaltung).

3.4 Auf Konflikte richtig reagieren: Reaktive Strategien und Interventionen

Konflikte immer aus dem Unterricht auslagern. Die Lösung eines Problems im Unterricht, noch dazu eines, in das die Lehrperson selbst persönlich involviert ist, ist aus verschiedenen Gründen nahezu unmöglich; die beiden wichtigsten sind sicherlich die notwendige Fokussierung des Unterrichts auf den Lerngegenstand zur produktiven Nutzung der Lernzeit, die durch eine nicht themenrelevante Diskussion – auch für nicht involvierte Schüler*innen – unterbrochen würde, sowie die emotionale Betroffenheit aller Parteien in einer Akutsituation, die eine rationale ad-hoc-Lösung sehr erschwert. Vielmehr ist die Wahrscheinlichkeit einer weiteren Eskalation durch »spiralförmige« Reaktionen und Gegenreaktionen (Mainhard et al., 2011) hoch. Die Lehrperson sollte daher um jeden Preis vermeiden, die Klasse zur Bühne zu machen und sich auf keine Diskussionen mit dem/der Schüler*in vor Ort einlassen.

Kurze und sachliche Quittierung. Anstelle eines inhaltlichen Eingehens auf das Gesagte kann die Provokation kurz und sachlich (!) quittiert werden (z. B.: »Dein Verhalten ist nicht in Ordnung, wir haben [...] vereinbart. Ich nehme das zur Kenntnis und komme darauf zurück«, Omer & von Schlippe, 2013, 2016) und unmittelbar im Anschluss mit dem Rest der Schüler*innen zum Thema zurückgekehrt werden. So signalisiert die Lehrperson ihre eigene thematische Fokussierung und ermöglicht den anderen Schüler*innen eine weitere Nutzung der Lernzeit, gleichzeitig nimmt sie dem provozierenden Verhalten »den Wind aus den Segeln« und gewinnt Zeit, nach dem Unterricht die Situation nochmals zu reflektieren und über ihr weiteres Vorgehen zu entscheiden sowie dieses vorzubereiten. Wichtig ist allerdings – wie bei jeder Form von Konsequenzen –, dass diese nicht nur angekündigt werden, sondern auch eintreten; dies bedeutet, dass die Lehrperson tatsächlich die Situation außerhalb des Unterrichts wieder aufgreifen und sich für ihre Lösung einsetzen muss.

Wiederaufgreifen im Rahmen eines Gesprächs außerhalb des Unterrichts. Am besten gelingt die langfristige Klärung einer belasteten Situation zwischen Lehrperson und Schüler*in über ein *Einzelgespräch* mit dem/der betreffenden Schüler*in. Um das Potential solcher Gespräche ausschöpfen zu können, sollten sie nicht im Anschluss an die Unterrichtsstunde und/oder zwischen »Tür und Angel«, sondern möglichst separat und ohne Zeitdruck geführt werden. Der Zeitpunkt sollte idealerweise so gewählt werden, dass er nahe genug am Geschehen liegt, um dieses noch in allen Details erinnern zu können (vgl. auch zeitliche Kontingenz von Konsequenzen), aber beiden Parteien genügend Zeit zur Vorbereitung und »Abkühlung« der Gemüter gibt. Kapitel 3.5 (▶ Kap. 3.5) gibt einen Überblick über Vorbereitung und Ablauf solcher Gespräche. Das Gespräch dient dabei nicht nur zur Klärung des Anlassfalls (in diesem Fall der Verweigerung des Arbeitsauftrags), sondern vor allem der Beziehungsstärkung (die ein Wiederauftreten verhindert) und der Aushandlung des zukünftigen Umgangs miteinander (*Vorwärtsorientierung, gemeinsame Verantwortung*).

Sollte Ihnen als Lehrperson ein Lern-, Arbeits- und Beziehungsklima belastender »Gegenwind« von *Seiten einer ganzen Klasse* oder ihres Großteils entgegenwehen, gelten ähnliche Grundregeln wie im Umgang mit einzelnen herausfordernden Schüler*innen: auch hier gilt es, die eigentliche Klärung aus der Lernzeit (d. h. in diesem Fall, in dafür eigens gewidmete Unterrichtsstunden) auszulagern, diese den Schüler*innen anzukündigen und sich auf den Austausch gründlich vorzubereiten. Dabei hilft auch hier die Vergegenwärtigung der gemeinsamen Verantwortung für ein produktives Lern- und Arbeitsklima: Sie als Lehrperson müssen die Lösung nicht alleine finden, auch die Schüler*innen sind gefordert, dafür Sorge zu tragen, dass sich die Situation für alle Beteiligten ändert. Eine solche gemeinsame Intervention (im Sinne von »Wir stellen uns neu auf«) ist sicherlich zeitlich und nervlich herausfordernd, doch kann sie bei Gelingen eine beziehungsfördernde Wirkung haben, die für viele Jahre bestehen bleibt und die Zusammenarbeit von Grund auf verändert. Aus Platzgründen muss an dieser Stelle zum genauen Vorgehen auf die Anregungen etwa bei Nolting (2017, Kapitel kooperative Konfliktlösung) oder Omer & von Schlippe (2013, 2016) verwiesen werden, darüber hinaus können Schulsozialarbeit und Schulpsychologie in Vorbereitung und

— 3.4 Auf Konflikte richtig reagieren: Reaktive Strategien und Interventionen

Durchführung solcher Interventionen stützend herangezogen werden.

3.4.2 Akute Konflikte unterbrechen und beziehungsfördernd de-eskalieren – Schüler*innen untereinander (außerhalb des Unterrichts)

Fallbeispiel: Wenn die Fetzen fliegen
Sie haben in Ihrer Schule in der Pause Gangaufsicht, als Sie kurz vor Ende der Pausenzeit Schreie aus einem uneinsichtigen Teil des Ganges vernehmen. Sie biegen um die Ecke und sehen, wie sich zwei Schüler Ihrer 6. Klasse ineinander verkeilt haben und aufeinander einschlagen. Darum steht ein Kreis von Mitschüler*innen und Kindern aus anderen Klassen, die teilweise johlend anfeuern, teilweise »nur« aufgeregt zusehen und miteinander tuscheln.

Lösungsansätze im Sinne der beziehungsorientierten Klassenführung

Betrifft ein akuter Konflikt nicht die Lehrperson selbst in ihrer Interaktion mit den Schüler*innen, aber die Schüler*innen untereinander, und die Lehrperson wird Zeug*in beispielsweise einer Handgreiflichkeit auf dem Gang oder dem Schulhof, empfiehlt sich folgendes Vorgehen zur beziehungsfördernden De-Eskalation:
Situation kurz beobachten und richtig einschätzen. Bevor eine Handlung gesetzt wird, sollte die Lehrperson kurz innehalten und versuchen, einen Überblick zu gewinnen: Was passiert gerade? Wer und wie viele Schüler*innen sind aktiv beteiligt? Wie viele Zuschauer*innen/«passiv« Beteiligte gibt es? Benötige ich zur Klärung voraussichtlich mehrere Personen? Welche Schüler*innen oder Kolleg*innen sind in der Nähe, die gegebenenfalls zur Unterstützung herangezogen werden können (z. B. Verletzte trösten/betreuen, Verstärkung holen, Botengänge erledigen, die eigene Klasse während der Dauer der Konfliktlösung beaufsichtigen)?

3 Klassenführung durch Beziehung – so gelingt's

Klares Stoppsignal für jede Form der körperlichen und verbalen Gewalt. Im Sinne der Verantwortung der Lehrperson in der beziehungsorientierten Klassenführung, die nicht mit dem Unterricht endet, und ihrer schon oftmals angesprochenen Vorbildwirkung für den Umgang untereinander, ist es zunächst notwendig, jede Form von Gewalt klar und mit sofortiger Wirkung zu unterbinden. Dies gelingt über ein lautes und deutliches verbales Signal (»sofort aufhören!«/«Stopp!!«) und wird wiederum effektiver und direkter in der Wirkung, wenn es die Namen der streitenden Schüler*innen mit einschließt. Gegebenenfalls kann sofort danach auf die entsprechende Vereinbarung hingewiesen werden (»Wir haben gesagt, so reden wir nicht miteinander!«/«Ihr wisst, dass Gewalt bei uns keinen Platz hat und nicht toleriert wird!«). Dabei ist die eigene Überzeugung, die in die Intervention gelegt wird, für deren Glaubhaftigkeit und – damit verbunden – für deren Wirkung sehr maßgeblich (auch im Sinne der Wirkung auf umstehende Beobachter*innen für das Eingreifen in zukünftigen, ähnlichen Situationen).

*Zuschauer*innen wegschicken.* Aus der Sozialpsychologie wissen wir, dass jede Form von Konflikt eine geradezu »magische«, anziehende Wirkung auf Außenstehende zu haben scheint. Während es in der Nachbearbeitung und Lösung des Konflikts durchaus auch Sinn macht bzw. zur vollständigen Klärung sogar notwendig ist, scheinbar nicht involvierte »Bystander« ebenfalls einzubeziehen (insbesondere, wenn es sich um Helfer*innen des/r Täter*in handelt, aber auch die Zuschauer*innen betreffend; vgl. das bewusste Einbeziehen aller Schüler*innen im bekannten No-Blame-Approach zur Lösung von Mobbingfällen, im Detail nachzulesen bei Wallner, 2019), braucht die unmittelbare De-Eskalation Ruhe und eine private Atmosphäre – wie auch im Klassenraum selbst erschwert die Anwesenheit einer »Bühne« die Konfliktlösung ungemein. Dementsprechend wird die erste Handlung der eingreifenden Lehrperson unmittelbar nach dem verbalen Stoppsignal sein, sämtliche Zuschauer*innen wegzuschicken, freilich nicht, ohne sich vorher ein kurzes Bild davon gemacht zu haben, wer alles »dabei« war und eventuell an der weiteren Klärung Beiträge leisten könnte (im Anschluss dokumentieren!). Mitunter können einzelne anwesende Schüler*innen, denen die Lehrperson vertraut, auch für unmittelbar anfallende Aufgaben herangezogen werden oder in Reichweite bleiben (Bsp. weitere Lehrperson holen o. ä.), doch gelingen die weiteren Schritte am besten, wenn möglichst nur die Konfliktparteien und Sie als Mediator*in anwesend sind. Das Wegschicken der Zuschauer*innen wird wiederum umso besser funktionieren, je klarer die Anweisungen von Ihrer Seite sind (Bsp.: »Geht in Eure Klasse zurück« statt »Geht da weg«).

*Schüler*innen »Dampf ablassen« lassen, dabei als deeskalierende/r Mediator*in fungieren. Konstruktives Gesprächsverhalten einfordern.* Wie jede/r aus den eigenen Konflikterfahrungen bestätigen kann, muss zunächst der emotionale »Dampf« abgelassen werden, um sich auf ein klärendes Gespräch einlassen zu können. Dafür kann den Schüler*innen jetzt die Möglichkeit gegeben werden, wobei hier wiederum bereits strukturierend gelenkt werden kann (Bsp.: »Ich möchte jetzt gerne für 2 Minuten von Dir, [Name], hören, was passiert ist, dann von Dir, [Name]. Dabei hören wir einander bitte zu und lassen uns gegenseitig ausreden«). Da gerade in dieser Phase die Emotionen noch hochkochen, ist es wichtig, auf der einen Seite verständnisvoll und aktiv zuzuhören (»Ich verstehe«, »mhm«, nonverbale Anteilnahme, Blickkontakt usw.) und für ein Gesamtverständnis der Situation *Nachfragen* zu stellen und Gesagtes zu *paraphrasieren* (»Wenn ich Dich richtig verstehe, fühlst Du Dich gekränkt, weil [...]«), auf der anderen Seite auch *strukturierend zu lenken* (»Bitte lass xy ausreden, wir haben Dir vorhin auch zugehört«) und ein möglichst ruhiges und *sachliches Gesprächsklima* einzufordern. Um zu verhindern, dass diese Phase nur auf gegenseitige Schuldzuweisungen hinausläuft, kann – nach einem ersten ungestörten Schildern der Situation durch beide Parteien – auch aktiv nach dem eigenen Anteil gefragt werden (»Was hast *Du* gemacht?«). Diese Frage stellt sich laut Schoosleitner (2020) als sehr effektiv für eine konstruktive Lenkung des Gesprächs heraus, da sie die eigenen Anteile an Konfliktentstehung und -eskalation bewusst machen kann und gleichzeitig bereits Anknüpfungspunkte für die Lösungsphase bietet.

In dieser Phase ist ausnehmend wichtig, dass die Lehrperson tatsächlich als faire*r und neutrale*r Dritte*r auftritt, die/der beiden Seiten in gleicher Weise zuhört und Glauben schenkt und zu einer Lösung kommen will, die für die involvierten Schüler*innen (und nicht primär für die Lehrperson selbst!) stimmig erscheint. Dazu gehört auch, eigene Wahrnehmungen und (Vor-)Urteile zu hinterfragen und sich eigene Fehler in Wahrnehmung und Gesprächsführung bewusst zu machen sowie sich dafür zu entschuldigen.

Blick nach vorne richten und Vereinbarungen treffen. Wie auch im Beratungsgespräch (▶ Kap. 3.5) erfolgt ein konstruktiver (vorläufiger) Abschluss eines akuten Konfliktgesprächs mit einem Blick nach vorne und dem Treffen von Vereinbarungen, wie mit der Situation heute/die nächsten Stunden und Tage wie auch in der weiteren Zukunft umgegangen werden soll, um eine möglichst konstruktive Lösung für alle zu gewährleisten. Abhängig von der Schwere und dem Eskalationsgrad des Konflikts können weitere Interventionen erforderlich sein (»Wenn ich das richtig herausgehört habe, ist das nicht das erste Mal, dass [...Thema des Streits] zum Problem zwischen Euch geworden ist. Deswegen würde ich vorschlagen, wir setzen uns dazu nochmal am [...] zusammen und schauen, wie wir das langfristig lösen können. Was wollen wir bis dahin vereinbaren, um sicher zu gehen, dass [...] in der Zwischenzeit nicht mehr passiert?«). Möglicherweise ist die Situation aber auch durch die ad-hoc-Intervention geklärt. Wichtig ist, dass die Lehrperson zwar ebenfalls Lösungen anbieten kann, sich aber erinnern sollte, dass die tragfähigsten und am besten unterstützten Lösungen jene sind, die von den Schüler*innen selbst kommen (Ausführungen zur Regelarbeit ▶ Kap. 3.3.1) und die Verantwortungsübernahme der Schüler*innen für ihr (auch zukünftiges) Verhalten erklärtes Ziel jeder Intervention bleibt – daher auch die bewusste Formulierung der Empfehlung »Was wollen wir bis dahin tun/vereinbaren«.

— 3.4 Auf Konflikte richtig reagieren: Reaktive Strategien und Interventionen

3.4.3 Konflikte verstehen und richtig einordnen

Zur Beurteilung der Tragweite des Konflikts und zur Ableitung notwendiger weiterer Schritte durch die Lehrperson hilft eine Einordnung nach Schwere und Eskalationsgrad. Glasl (2004) postuliert in seinem bekannten Modell insgesamt neun Stufen der Eskalation, die im Schulkontext von der Lehrperson erkannt werden können und die Bedeutung für das weitere Vorgehen haben, das in der jeweiligen Situation Sinn macht. Auf den ersten drei Stufen stehen eine erste Verhärtung der Fronten und spürbare Spannung zwischen den Parteien, erste Ansätze verbaler Gewalt und Geringschätzung sowie gegenseitiges Misstrauen im Vordergrund. Beispielhafte Situationen im Schulkontext beinhalten etwa den bewussten Ausschluss eines/r Schüler*in aus einem gemeinsamen Spiel. Auf dieser Ebene kann die Lehrperson im Regelfall auch alleine die Auseinandersetzung effizient und schnell klären und über ein gemeinsames Erinnern an getroffene Vereinbarungen, gegenseitige Verantwortungsübernahme und bewusste Förderung gemeinschaftlicher Aktivitäten (▶ Kap. 3.1) sowie aufmerksame Beobachtung einer weiteren negativen Entwicklung gegensteuern. Diese ersten drei Stufen werden von Glasl (2004) auch als »Win-Win« bezeichnet, da beide Parteien noch ohne Gesichtsverlust aus dem Konflikt aussteigen können und für alle zufriedenstellende Lösungen noch leicht möglich sind.

Die nächsten drei Stufen bezeichnet er als »Win-Lose«, was bereits darauf hindeutet, dass hier meist nur mehr eine*r von beiden Streitparteien zufrieden aus dem Konflikt an sich oder seiner Klärung hervorgeht. Auf diesen Stufen werden bewusst Koalitionen geschmiedet, um den/die Gegner*in zu schwächen, der/die Andere wird bewusst gereizt und herausgefordert, es kommt zu öffentlichen Angriffen und Spiralen von gegenseitigen Drohungen. Der oben beschriebene Konfliktfall von verbaler oder körperlicher Gewalt in der Pause/am Gang mit Zuseher*innen fällt hier hinein. Wie aus dem obigen Ablauf ersichtlich, ist die Klärung hier bereits zeitlich und inhaltlich herausfordernder, die Lehrperson versucht, den Konfliktparteien über deeskalierende Gespräche, Mediation zwischen den Schüler*innen (auch über den Einsatz von Peer-Mediation) und Ursachenklärung zu helfen. Da die Lage aber bereits komplexer ist und eine von der Lehrperson beobachtbare, offene Konfrontation nicht selten die »Spitze des Eisbergs« eines schon länger und tiefer brodelnden Konflikts darstellt, erfordert eine vollständige Klärung weiters eine genaue *Dokumentation* aller Vorfälle von Seiten der Lehrperson und eine *Information/Einbezug der Direktion* sowie (nach Rücksprache mit den involvierten Schüler*innen) der *Eltern*. So kann sichergestellt werden, dass der Konflikt seiner Schwere und Tragweite entsprechend breit wahrgenommen und behandelt wird und in gemeinsamer Verantwortungsübernahme an einer Lösung gearbeitet werden kann. Sacher et al. (2019) sowie Schnebel (2012) geben nähere Hinweise, wie ein konstruktiver Einbezug der Eltern gelingen kann.

Auf den letzten drei Ebenen eines Konflikts nach Glasl (2004) wird eigener Schaden in Kauf genommen, so lange dem/r Anderen noch mehr Schaden zugefügt werden kann; daher »Lose – Lose«. Es geht auf diesen Stufen darum, den/die Andere*n möglichst zu Grunde zu richten, ob physisch, psychisch oder sozial; Prämissen, die im schulischen Kontext sofort an Fälle von Mobbing und Cybermobbing, einschließlich aller ihrer Formen (Bsp. wiederholtes Verstecken/Zerstören von Eigentum; absichtliches Verschicken kompromittierender Fotos, Anlegen von Fake-Profilen auf sozialen Netzwerken u. ä. als Teil einer breiteren »Zerstörungsstrategie«; immer wiederkehrende, in Stärke und Frequenz zunehmende psychische und verbale Attacken; u. a. m.), denken lassen. Da es sich hier um schwere Konfliktformen handelt, die nicht selten monate- oder jahrelange Vorgeschichten haben, dem Opfer und dem allgemeinen Miteinander in der Schule bereits großen Schaden zugefügt haben und oft auch rechtliche Aspekte miteinschließen, müssen Interventionen hier neben extensiver Dokumentation einen *Einbezug der Direktion, der Eltern aller involvierten Schüler*innen* sowie, bei strafbaren Handlungen, der *Polizei* miteinschließen, und sind jene Art von Konflikten, bei denen mitunter zur Abwendung größeren Schadens an der Allgemeinheit und ihrer einzelnen Mitglieder *schulische Rechtsmittel* wie Suspendierung oder – nach erfolglosem Ausschöpfen deeskalierender Mittel – Schulverweis notwendig werden. Ein Großteil der in der Schule anzutreffenden Konflikte bewegt sich (glücklicherweise) auf den ersten Eskalationsstufen; gelingt es der Lehrperson, u. a. durch ihre vigilante Präsenz auch außerhalb des Unterrichts, solche Vorkommnisse wahrzunehmen, bewusst aufzugreifen und in der nötigen Ausführlichkeit zu thematisieren und mit ihren Schüler*innen zu bearbeiten, wirkt dies wiederum stark präventiv auf die Entstehung schwerwiegenderer Konflikte. Wer aber von solchen schwerwiegenderen Konflikten und Mobbingfällen im schulischen Umfeld betroffen ist oder sich präventiv darauf vorbereiten möchte, findet u. a. bei Wachs, Hess, Scheithauer & Schubarth (2016, in dieser Reihe erschienen) oder bei Kessler & Strohmaier (2009) und Wallner (2019) wertvolle Hinweise zu Prävention und Klärung.

3.5 Größere Probleme gemeinsam bewältigen

Die bislang skizzierten Strategien auf präventiver Ebene und zur kurzfristigen De-Eskalation akuter Konflikte stellen erwiesenermaßen zentrale und effektive Gelingensbedingungen des beziehungsorientierten Umgangs mit Schüler*innen bei der Klassenführung in- und außerhalb des Unterrichts dar. Manchmal (Beratungslehrer*innen sprachen bereits vor der Pandemie von mindestens 1-2 Fällen pro Klasse) tragen Schüler*innen aber größere Probleme mit sich, die einer umfangreicheren Begleitung bedürfen, sei es zur Unterstützung der Bewältigung von Trennungs- und Verlustsituationen im familiären Umfeld, des Umgangs mit eigenen oder familiären psychischen oder gesundheitlichen Belastungen u. a. m. Gerade die letzten Monate haben im Zeichen der Corona-Krise und der dort gesetzten Maßnahmen einen so starken Anstieg psychischer Probleme bei Kindern und Jugendlichen gezeigt (vgl. etwa berichtete Prävalenzzahlen depressiver Störungen um die 25 % bei Jugendlichen im Sekundarstufenalter; Pieh et al., 2021; Schabus & Eigl, 2021), dass spätestens heute niemand mehr deren Relevanz für die Jugendlichen und die damit verbundenen Auswirkungen auf Lernen und Unterricht bestreiten kann. Umso wichtiger ist es für Lehrpersonen, die im Sinne beziehungsorientierter Klassenführung agieren, die eben nicht mit dem Unterricht endet, sondern fallweise auch Krisen-, Interventions- und Beratungsgespräche vor Ort oder auch die Zusammenarbeit mit qualifizierten externen Stellen erfordern kann, über Strukturierung, Inhalte und Ablauf erfolgreicher Beratungsgespräche Bescheid zu wissen. So kann im Ernstfall kompetent reagiert und konstruktiv unterstützt werden, ohne gleichzeitig die eigenen Ressourcen und Möglichkeiten zu überfordern. Daher werden in den nächsten Abschnitten Hinweise zur Vorbereitung, Durchführung und Nachbereitung solcher Gespräche mit Schüler*innen, aber auch deren Eltern gegeben, die zu einem konstruktiven Verlauf von Interventionen beitragen und dafür wichtige Grundlagen schaffen können.

3.5.1 Grundpfeiler erfolgreicher Beratung und Gesprächsführung

Beratung im schulischen Kontext kann mit Schnebel (2012, S. 15) definiert werden als ein *interaktionaler Prozess, der das Ziel verfolgt, die Handlungs- und Entscheidungsmöglichkeiten einer Person sowie ihren Umgang mit bestehenden Problemen zu verbessern.* Eines ihrer wichtigsten Anliegen ist gleichzeitig ihr zentrales Erkennungsmerkmal: nämlich eine *zeitlich begrenzte Hilfe zur Selbsthilfe*, u.a. durch Information, strukturierende Gesprächsführung, welche es dem Gegenüber erlaubt, seine/ihre Gedanken zu ordnen, und durch Eröffnen von Perspektiven für eine weitere Bearbeitung des Problems durch den/die Betroffene/n. Dies impliziert unter anderem, dass der/die Schüler*in mit seinen/ihren Wahrnehmungen, bisherigen Lösungs-

3.5 Größere Probleme gemeinsam bewältigen

versuchen und Ressourcen im Mittelpunkt des Gesprächs steht, den Großteil der Redezeit einnimmt (daher die Leitlinie: mehr zuhören als selbst reden) und selbst zu aktiven weiteren Schritten zur Problembehandlung geführt werden soll. Der Erfolg und die Wirkung einer Beratung stehen und fallen dabei nachweislich (vgl. z. B. Schnebel, 2012) mit der Qualität des Rapports (also der Beziehung, die zwischen den beiden Parteien aufgebaut werden kann). Die Grundpfeiler dieses Rapports sind dabei wieder die oben ausgeführten Eigenschaften des/r Beratenden zu Empathie, Kongruenz und Echtheit, sowie Wertschätzung und Akzeptanz des Gegenübers (zur Umsetzung dieser Variablen ► Kap. 3.1.1).

Hilfreiche grundsätzliche Gesprächstechniken beinhalten auch hier kompetentes *aktives Zuhören,* also das angemessene und aktive affektive Reagieren eines/r Gesprächspartner*in auf die Botschaften des Gegenübers mit dem Ziel, die Person und ihre Situation einfühlend zu verstehen. Kasten 1 gibt einen Überblick über mögliche Umsetzungen.

Kasten 1: einige Kennzeichen aktiven Zuhörens

- Erkennen und Ansprechen der Gefühle des/r Gesprächspartner*in
- Nonverbaler (Gestik, Mimik, durchgehender Blickkontakt) und verbaler (z. B. kurze bestätigende Äußerungen) Ausdruck von Aufmerksamkeit und Anteilnahme am Gesagten der anderen Person
- Bewusste Anteilnahme an und Verstärkung von Ressourcen, Erfolgen und Bewältigungsversuchen
- Den/die Andere*n nicht unterbrechen, ausreden lassen, zu Ende reden lassen
- Nachfragen und Zusammenfassungen für tieferes Verständnis und kommunikative Validierung
- Pausen aushalten können
- Mit eigenen Ratschlägen, Wertungen und Meinungen zurückhalten

Des Weiteren ist es für beratende Personen im schulischen Kontext insbesondere beim Führen von Konfliktgesprächen nützlich, über die Anwendung der Prinzipien der *gewaltfreien Kommunikation* Bescheid zu wissen, die nachfolgend kurz umrissen werden. Die Gewaltfeie Kommunikation (GfK) ist eine vom U.S.-Psychologen Marshall B. Rosenberg (2016) entwickelte Kommunikationsmethode, die auf den Verzicht von Angriffen und auf die Förderung der gewaltfreien Konfliktaustragung abzielt (Kessler & Strohmaier, 2009). Hintergrund von Rosenbergs Überlegungen ist die Annahme, dass jegliches Verhalten (und insbesondere auch als problematisch wahrgenommenes Verhalten) als Ausdruck eigener Bedürfnisse angesehen werden sollte, denen die betroffene Person versucht, nachzukommen. Im Kontext der beziehungsorientierten Klassenführung fügt sich diese Methode auch insofern besonders gut ein, als auch Rosenberg als ein Grundpostulat die *Selbstverantwortung* von Individuen für ihr Handeln, Verhalten und ihr Wohlbefinden setzt (Rosenberg, 2016). Die Methode hat dabei viel mit anderen bekannten Kommunikationsmethoden (Bsp. Ich-Botschaften nach Thomas Gordon) gemeinsam, als sie von einer wertungsfreien Beobachtung ausgeht, die mit Gefühlen und Bedürfnissen assoziiert wird. Die GfK verfolgt dabei einen lösungsorientierten Ansatz, der mit positiv formulierten Bitten an das Gegenüber abschließt. Kasten 2 illustriert das Vorgehen im Detail.

Kasten 2: Vier zentrale Komponenten gewaltfreier Kommunikation nach Rosenberg (2016)

1. Eine *Beobachtung* wird ohne Bewertungen oder Beurteilungen *in sachlichen Worten beschrieben*, eine eventuelle Bewertung erfolgt getrennt von der Beobachtung. Bsp.: »Patrick hat von den bisherigen 12 Hausübungen nur 2 abgegeben. Das finde ich schade, weil ich mir so kein klares Bild über seinen Leistungsstand machen kann.«
2. *Bewusstes Formulieren von Gefühlen* zur affektiven Anreicherung der Aussage. Dabei sollten tatsächliche Ausdrücke für

3.5 Größere Probleme gemeinsam bewältigen

Gefühle (Bsp.: irritiert, erfreut, traurig) verwendet werden, diese in der Ich-Form formuliert und mit einem konkreten Anlassfall verknüpft werden. Bsp.: »Ich bin verunsichert, ob ich alles verständlich erklärt habe, wenn Du mir keine Antwort gibst.«

3. *Bedürfnisse hinter den Gefühlen »heraushören« und bewusst benennen:* Gerade in Konfliktsituationen sollte das unerfüllte Bedürfnis, das hinter z. B. einer verletzenden Aussage steht, erkannt, benannt und anerkannt werden. Bsp.: »Bist Du enttäuscht *(Gefühl)*, weil Du von mir zu wenig Anerkennung *(Bedürfnis)* für Deine Anstrengung in Mathe bekommst?«

4. Im Abschluss *konkrete und erfüllbare Bitten ans Gegenüber formulieren*, dabei positive Handlungssprache ohne Verneinungen verwenden. Als »Kontrolle«, ob es sich tatsächlich um eine Bitte an das Gegenüber und nicht um eine »verkappte« Forderung handelt, empfiehlt Rosenberg, sich immer zu fragen, ob man im Falle eines »Neins« als Antwort ruhig bleiben könnte (Bitte) oder verärgert reagieren würde (Forderung). Bsp.: »Kannst Du mir bitte morgen zwei Vorschläge mitbringen, wie wir [...] angehen können?« Um sicherzugehen, dass man im Falle einer Ablehnung trotzdem für sich selbst gut weitermachen kann, ist es nach Rosenberg wichtig, stets mehrere Wege zu kennen, wie ein subjektiv wichtiges Bedürfnis erfüllt werden kann.

Ist die Lehrperson in solchen Techniken der Formulierung und den dahinter liegenden Grundhaltungen versiert (Bsp. GfK: eigene Bedürfnisse und jene des Gegenübers gleichberechtigt wahrnehmen und aussprechen), erleichtert dies einen deeskalierenden und konstruktiven Verlauf von Konflikt- und Beratungsgesprächen. Die Technik erweist sich auch als sehr nützlich im Umgang mit bzw. in der Auflösung von Widerständen, die sich bei dem/der Gesprächspartner*in gegebenenfalls einstellen. Gleichzeitig stellen die genannten Kompetenzen natürlich auch für die Schüler*innen an sich wertvolle Ressourcen dar, deren Übung sich im Rahmen stärkender Maßnahmen für die Klassengemeinschaft und das schulische Miteinander sehr gut anbieten; so können Schüler*innen mit geeigneten Materialien etwa dabei unterstützt werden, Bedürfnisse bei sich selbst und anderen zu erkennen und wahrzunehmen, Gefühle zu benennen und konstruktive Bitten zu formulieren (vgl. auch die entsprechenden Vorschläge in ▶ Kap. 3.1.2). Wer zur Umsetzung und Übung von GfK Materialienvorschläge sucht, wird etwa bei der Online-Ressource https://www.gewaltfrei-101uebungen.de/ fündig, wogegen genauere Hinweise zum Umgang mit spezifischen Widerständen, wie sie sich besonders in Elterngesprächen ergeben können, sowie deren mögliche Hintergründe bei Sacher et al. (2019) gegeben werden.

3.5.2 Die richtige Gesprächsumgebung

Für gelingende Gespräche in vertrauensvoller Atmosphäre, die sowohl den Beziehungsaufbau als auch die Öffnung des Gegenübers begünstigen, sollte die Gesprächsumgebung einige Ansprüche erfüllen (vgl. im Detail Sacher et al., 2019; Schnebel, 2012). Dazu gehören Ungestörtheit, genügend Zeit (d. h. keine Tür-und-Angel-Gespräche), ein der Wichtigkeit des Gesprächs angemessenes Setting, eine Abstimmung der Termine mit den Betroffenen (respektvolle Anerkennung des/r Gesprächspartner*in und seiner/ihrer zeitlichen Möglichkeiten als gleich wichtig wie die eigenen), eine möglichst einladende, freundliche Räumlichkeit (bequeme Sitzgelegenheiten, Licht, Trinkmöglichkeit, Taschentücher,…) und eine passende Sitzanordnung (etwa im 90 Grad-Winkel zueinander oder etwas geöffneter, Vermeidung einer »konfrontativen« Sitzordnung, Sitzanordnung auf »Augenhöhe«). Bei der Entscheidung, wer aller am Gespräch teilnehmen sollte, sollte darauf geachtet werden, dass jede »Seite« in etwa gleich stark besetzt ist (Bsp. eine Lehrperson auf eine/n Schüler*in/Elternteil) und in der Gesprächsplanung sollte eine eventuelle Dynamik, die sich durch die gleichzeitige Präsenz mehrerer Personen (Bsp. zerstrittene Schüler*innen und Eltern gemeinsam) ergeben könnte, mitbedacht und antizipiert werden. Im Sinne beziehungsorientierten Arbeitens können die betroffenen Schüler*innen auch bei der Klärung dieser Fragen und bei der Vorbereitung des Gesprächs insgesamt konsequent eingebunden werden und gemeinsam entschieden werden, ob z.B. ein erstes Gespräch nur zwischen Lehrperson und Schüler*in erfolgen soll und die Eltern in einem zweiten Schritt »ins Boot geholt« werden.

3.5.3 Wichtige Vorbereitungsschritte für Beratende

Auf die beziehungsorientierte Gesprächsführung lassen sich die Leitprinzipien beziehungsorientierten Unterrichts insofern gut anwenden, als auch hier gilt: gut vorbereitet ist halb gewonnen. Dabei sollen schon in der Planungsphase wiederum sowohl strukturierende Schritte (Bsp. Erstellung eines Gesprächsleitfadens für wichtige Punkte in Inhalt und Ablauf) als auch beziehungsstiftende Elemente mitbedacht werden. Für letzteres ist es als Beratender sinnvoll und wichtig, sich in einem ersten Schritt der Vorbereitung über die eigene Perspektive auf das Problem und jene des Gegenübers klar zu werden. Überlegungen können dabei zu folgenden Punkten angestellt werden:

- Wie äußert sich das Problem genau? *Beobachten, dokumentieren und analysieren* Sie vorab, ggf. auch unter Einbezug von Kolleg*innen: Worin besteht das Problemverhalten genau? Wer ist an Entstehung und Aufrechterhaltung (vermutlich) beteiligt? Wann tritt das Problem auf bzw. nicht auf? Was (genau) erhoffen Sie sich vom Gespräch? Was möchte der/die Gesprächspartner*in vermutlich erreichen?
- Vollziehen Sie einen *Perspektivenwechsel* und fragen Sie sich: Warum könnte sich der/die Schüler*in so verhalten? Was braucht/ erhofft sich der/die Schüler*in wahrscheinlich von mir und anderen (vgl. Bedürfnisfrage GfK)? Welchen Nutzen zieht er/sie

vielleicht aus dem Verhalten (könnte das Verhalten vielleicht Teil einer einst effektiven Strategie der Problemlösung sein)? Wie geht es ihm/ihr wahrscheinlich jetzt (empathisches Verstehen)? Wo gibt es Gemeinsamkeiten in den Anliegen o. ä., die sich eventuell im Gespräch konstruktiv nutzen lassen (Bsp. Elterngespräche: gemeinsames Anliegen eines positiven Abschlusses des Schuljahrs)?

* Versuchen Sie, eigene Anteile am Problem und dessen Lösung durch *Selbstreflexion* zu erkennen, indem Sie sich fragen: Warum macht mir das Problem so viel aus? Wie bin ich bisher damit umgegangen? Was kann ich persönlich vermutlich zur Problemlösung beitragen, was nicht? Fühle ich mich in der Lage, das Gespräch selbst/allein zu führen? Von wem wünsche ich mir welche Art der Unterstützung?

Ziel dieser Schritte ist einerseits, eine Konkretisierung der involvierten Anliegen schon vor Gesprächsbeginn vorzunehmen, andererseits können besonders Perspektivenwechsel und empathisches Einfühlen helfen, die beziehungsorientierte Grundhaltung auch in schwierige Gespräche insofern mitzunehmen, als man dem/r Gesprächspartner*in tatsächlich mit Wärme, Wertschätzung und Akzeptanz gegenübertreten kann. Im Anschluss kann zur konkreten Gesprächsplanung übergegangen werden, in der Gedanken zu Gesprächseinstieg, - verlauf und -ende (mögliche Zielvereinbarungen; Indikatoren eines erfolgreichen Verlaufs) vorskizziert werden. Dabei kann die nachfolgend genannte Struktur als Leitfaden herangezogen werden.

3.5.4 Struktur und Aufbau beziehungsorientierter Beratungsgespräche

Jedes Beratungsgespräch weist drei wesentliche Teile auf, nämlich zunächst die Herstellung einer vertrauensvollen, positiven Atmosphäre (Beziehungsaufbau) und eines freundlichen Gesprächsein-

3.5 Größere Probleme gemeinsam bewältigen

stiegs, dann die Exploration des Problems an sich, und im Abschluss das Besprechen von Veränderungen und das Treffen von Vereinbarungen.

Zu diesen drei Teilen lohnt es sich, einen Leitfaden vorzuskizzieren, auf den im Verlauf des Gesprächs zurückgegriffen werden kann, etwa um die eigenen Gedanken zu ordnen oder keine wichtigen Aspekte zu vergessen, wenn das Gespräch – wie durchaus oft vorkommt – in eine andere Richtung gehen sollte als ursprünglich angenommen.

Zum *Einstieg* soll überlegt werden, wie im konkreten Fall eine *positive Atmosphäre* aufgebaut werden kann (Nervosität nehmen, für's Kommen bedanken, damit verbundene Gefühle verbalisieren, ...) und die *Rahmenbedingungen* abgesteckt werden (voraussichtliche Dauer und Ziele des Gesprächs, Vertraulichkeit, ggf. Dokumentation und deren Zwecke, z. B. als Gedächtnisstütze...).

Im Anschluss soll Raum zur *freien Problembeschreibung* durch den/die Betroffene/n gegeben werden. Dem aktiven Zuhören kommt in dieser Phase besondere Bedeutung zu. Eigene Beobachtungen (aus der Vorbereitungsphase) und Wahrnehmungen können hier (unter Einhaltung der Gesprächsregeln Sachebene, wertungsfreie Beobachtungssprache, GfK-Prinzipien) ebenfalls Platz finden, doch sollte darauf geachtet werden, dass vor allem der/die Betroffene selbst zu Wort kommt. Während Nach- und Weiterfragen sowie Konkretisieren und Paraphrasieren von Gesagtem hilfreich sind, um das Problem besser strukturieren und verstehen zu können, sollte von »Warum-Fragen« (und – noch wichtiger – von »Was ist los mit Dir«-Fragen) abgesehen werden, da diese nicht zur Selbstöffnung einladen, zu wenig konkret für eine Beantwortung sind und nicht selten eine Verteidigungshaltung produzieren.

Das Ziel dieser Phase ist, *das/die Hauptproblem(e) zu erfassen, zu erfragen und gezielt zu explorieren* (was – wann – wann nicht usw.) sowie diese zu *konkretisieren* (Gesagtes zusammenfassen und kommunikativ validieren – Unklarheiten erfragen – eigene Wahrnehmungen verbalisieren und bei unangenehmen oder unausgesprochenen Themen »Brücken bauen«, Bsp.: »Könnte es sein, dass...?«).

Dies hilft auch bei der *Präzisierung der Anliegen*, für die im Rahmen des Gesprächs eine Lösung gesucht wird (Kernaufgabe der Beratung). Die Zielorientierung des Gesprächs kommt dadurch zum Ausdruck, wie gut es gelingt, diese Veränderungswünsche zu erfassen, gemeinsam zu benennen und zu konkretisieren. Nicht selten benötigen Beratene bei diesem Schritt am meisten Unterstützung, weswegen Beratende gut daran tun, solche Konkretisierungen vorab zu üben. Einige Beispiele werden in Tabelle 6 gegeben.

Tab. 6: Beispiele für Aussagen im Gesprächskontext und mögliche Präzisierungen der dahinter liegenden Anliegen

Aussage der/s Gesprächspartner*in	Mögliche Präzisierungen
Ich möchte mehr lernen.	Was heißt das konkret? Wie viele Stunden am Tag möchtest Du lernen? Ab wann? In welchem Fach möchtest Du mehr lernen?
Ich möchte nicht jeden Nachmittag über die Hausaufgaben streiten.	Wie würde ein Nachmittag aussehen, mit dessen Ablauf Sie zufrieden wären? Wie hättest Du gerne, dass die Hausaufgaben stattdessen ablaufen?
Ich möchte, dass mein Kind nicht mehr so unselbstständig ist.	Woran würden Sie merken, dass Ihr Kind selbstständiger geworden ist? Wie müsste er/sie sich konkret verhalten, damit Sie sich zurücklehnen können und sich denken: »Jetzt hat er's geschafft?«
Ich möchte nicht dauernd Klassenbucheinträge bekommen.	Was müsstest Du Deiner Meinung nach tun, um keinen Eintrag mehr zu bekommen? Wie möchtest Du Dich im Unterricht verhalten?
Diese/r Schüler*in (Vater/...) ist so schwierig.	Welches Verhalten zeigt er/sie? Was hat er/sie (beim letzten Mal/in der Situation) genau gesagt? Was stört Dich daran genau?

Anmerkungen: Beispiele aus Hennig & Knödler, 2007, S. 286f., Erweiterungen durch die Autorin

3.5 Größere Probleme gemeinsam bewältigen

Wurden die Veränderungswünsche für den/die Gesprächspartner*in stimmig definiert, werden in einem nächsten Schritt die bisherigen *Veränderungsversuche und Ressourcen* des/r Ratsuchenden erfragt, verstärkt und ggf. weitere aktiviert. Dieser Schritt ist in dreifacher Hinsicht wichtig, da er zum Einen eine Vorwärtsorientierung ausdrückt, die auch wieder positive Emotionen, Hoffnung und Stolz auf die eigenen Fähigkeiten erlaubt, zum Zweiten das Gespräch strukturiert und dafür sorgt, dass es sich nicht in einem »Problemwälzen« erschöpft, und drittens bereits konkrete Anhaltspunkte für das weitere Vorgehen geben kann.

In der Phase des *Gesprächsabschlusses* stehen dann das *Besprechen von Veränderungen und das Vereinbaren weiterer Schritte* an (z.B. Kontakt zu hilfreichen Dritten herstellen/ konkrete Pläne für die Umsetzung von Teilzielen formulieren/ ...). Um diese Phase möglichst konstruktiv zu gestalten, sollten die Absprachen wiederum so weit wie möglich konkretisiert werden und eine zeitliche Perspektive miteinschließen. Ebenso kann gemeinsam über Indikatoren und Möglichkeiten einer Erfolgskontrolle nachgedacht werden. Oft kann es dafür sinnvoll sein, Folgetermine zu vereinbaren (sie erhöhen die Verbindlichkeit der Absprachen) und die auf jeder Seite zu setzenden Schritte nochmals zusammenzufassen und/oder zu verschriftlichen. Dabei ist wieder zu bedenken, dass die Eigeninitiative und -motivation des/r Beratenen, selbst zu stimmigen Lösungen zu kommen und diese aktiv umzusetzen, den Erfolg der Bemühungen in hohem Maße mitbestimmt, was wieder bedeutet, dass der/die Beratende sich hier zurückhalten und eigene Lösungen des/r Betroffenen fördern und unterstützen sollte.

Aus dem therapeutischen Kontext zeigt sich, dass solche ersten – und oft einmaligen – Gespräche, die sowohl strukturierend als auch beziehungsstärkend wirken, oftmals bereits sehr entlastend und hilfreich für das Anstoßen von Veränderung erlebt werden. Dementsprechend können sich auch schon aus einem Gespräch deutliche Verbesserungen/Veränderungen etwa im Verhaltensbereich ergeben. Andere Problematiken verlangen nach einem engmaschigeren Vorgehen mit weiteren Folgeterminen und dem Beiziehen externer Stellen. Hier ist es als Lehrperson wichtig, die eigenen Möglichkeiten, Kompetenzen und Ressourcen realistisch einzuschätzen und Grenzen rechtzeitig zu erkennen und zu kommunizieren. So kann die Lehrperson auch bei schwereren Problematiken immer als Vertrauensperson für den/die Schüler*in bzw. die Eltern ansprechbar bleiben, zur engermaschigen Begleitung fehlen aber im Schulkontext meist die Ressourcen. Eine weitere Aufgabe der beratenden Lehrperson ist es daher, gut über Unterstützungsnetzwerke Bescheid zu wissen, die im jeweiligen Einzugsgebiet verfügbar sind und an die der/die Ratsuchende weiterverwiesen werden kann. Nähere Hinweise hierzu finden sich im Abschlusskapitel.

3.5.5 Exkurs: Grundregeln bei schweren Problematiken (Gewalt, Missbrauch, selbstverletzendes Verhalten, ...)

Während die Beziehung zu den Schüler*innen Vertraulichkeit persönlicher Inhalte selbstredend einfordert und einen Grundpfeiler jedes konstruktiven Gesprächs darstellt (▶ Kap. 3.5.1), können manche im Gespräch zu Tage tretenden Inhalte eine Verschwiegenheit schon alleine aus rechtlicher Sicht unmöglich machen. Das ist immer dann der Fall, wenn die Lehrperson Kenntnis von Selbst- oder Fremdgefährdung erlangt und auch, wenn das körperliche und seelische Wohlbefinden des/r Jugendliche/n deutlich beeinträchtigt scheint, etwa durch im persönlichen Umfeld erlebte Gewalt psychischer, körperlicher oder sexueller Art oder psychische Beeinträchtigungen, die zu erheblichem Leidensdruck führen oder selbstschädigendes Verhalten wie Essstörungen oder Substanzmissbrauch miteinschließen. In diesem Zusammenhang ist es wichtig, sich des Unterschieds zwischen Vertraulichkeit und Verschwiegenheit bewusst zu sein. Während in Fällen der Kindeswohlgefährdung explizite rechtliche Meldepflicht besteht (in- wie auch außerhalb des Schulkontexts und unabhängig vom Verhältnis zum/r Betroffenen; die Prüfung des Sachverhalts (inkl. der Glaubwürdigkeit von Aussagen usw.) obliegt übrigens immer den Behörden, nicht der meldenden Person), machen auch andere schwere Beeinträchtigungen gerade *aufgrund* des bestehenden Vertrauensverhältnisses eine adäquate Weiterverweisung an hilfreiche Stellen und eine Einbindung der Erziehungsberechtigten notwendig. Durch eine diesbezügliche Aufklärung, genaue Information und Einbindung des/r Jugendlichen in jeden beabsichtigten weiteren Schritt wird das Vertrauensverhältnis nicht etwa untergraben, sondern unterstützt und wird seinem Anspruch der verantwortungsvollen Begleitung de facto erst gerecht. Auch Bründel (2015, in dieser Reihe erschienen) weist in ihren Ausführungen zur suizidaler Gefährdung von Jugendlichen mehrfach darauf hin, dass die Lehrkraft im Beratungsgespräch von Verschwiegenheitsversprechungen unbedingt Abstand nehmen sollte. Ähnliches gilt für die Kommunikation mit den Schüler*innen: auch für den Umgang untereinander soll vermittelt werden, dass »schlechte«, den/die Andere*n gefährdende Geheimnisse unbedingt einer erwachsenen Vertrauensperson anvertraut werden sollten. Wenn sich auch bei manchen Schüler*innen auf den ersten Blick Widerstand gegen eine solche Empfehlung regt, ist es doch für jede/n einsichtig, dass – etwa bei selbstschädigendem Verhalten oder gar Suizidalität – dem Freund/der Freundin wesentlich besser geholfen ist, wenn man ihm/ihr Hilfe zukommen lässt anstatt – aufgrund falsch verstandener Verschwiegenheitspflichten – bei seinem/ihrem »Untergang« zuzuschauen. In diesem Sinn können Sie auch im Gespräch mit Ihren Schüler*innen mitteilen, dass es auf die Art des Geheimnisses ankommen wird, ob sie darüber Verschwiegenheit bewahren können oder nicht; wichtig ist die konsequente Einbindung des/r Jugendlichen in alle weiteren Schritte und das genaue Besprechen dessen, was ihn/sie dort im Einzelnen erwartet, um Vorurteile und Angst abzubauen und das Erlebte zu normalisieren.

Zusätzlich zu den oben beschriebenen Grundregeln für den beziehungsorientierten Gesprächsablauf sind demnach bei schweren Problematiken noch folgende Punkte zu beachten:

Gesagtes ernst nehmen. Unabdingbar für jedes vertrauensvolle Gespräch, kommt diesem Aspekt in Gesprächen, in denen belastende

Inhalte anvertraut werden, nochmals besondere Bedeutung zu. Es sollte immer signalisiert werden, dass Sie dem/r Jugendlichen glauben (siehe oben: die Prüfung des Wahrheitsgehalts von Aussagen gehört nicht zu Ihren Aufgaben) und mit Ihren Möglichkeiten voll hinter ihm/ihr stehen. In der Phase der Problemschilderung sollte gleichsam davon abgesehen werden, »aufdeckende« Fragen oder Suggestivfragen zu stellen, sondern anteilnehmend und aktiv zugehört werden und Fragen nur zum besseren Verständnis und zur Präzisierung gestellt werden (z. B. wann war das erste Mal, wie oft kommt das vor, dass es Dir so geht etc.).

Hilfesuch bestärken, Symptome normalisieren und informieren. Viele Jugendliche mit besonderen Problemen, wie klinisch relevanter Depression, selbstverletzendem Verhalten, aber auch mit Gewalterfahrungen u. ä. sind der Meinung, mit ihrer Problematik vollkommen allein dazustehen. Fühlen sich Jugendliche in der Sekundarstufe ohnehin entwicklungsbedingt schon sehr oft als Außenseiter, als unverstanden und ungesehen von ihrem Umfeld und wollen um jeden Preis vermeiden, aufzufallen und aus ihrer Peer Group herauszustechen (vgl. Berk, 2019), fällt es ihnen noch schwerer, ein vermeintliches »Alleinstellungsmerkmal«, das noch dazu so stigmatisiert ist wie psychische Belastungen, anzusprechen oder dafür Hilfe zu suchen. Wenn sich also der/die Schüler*in mit einer besonderen Belastung an eine Lehrperson wendet, ist das ein besonderer Vertrauensbeweis und erfordert Mut und Stärke, was auch so rückgemeldet werden sollte. Gleichzeitig kann es sehr erleichternd sein, zu hören, dass das, was man erlebt einen Namen hat und solche Erfahrungen auch von anderen geteilt werden. Abhängig von der eigenen fachlichen Sicherheit im Zusammenhang mit der vorgestellten Problematik kann also in der Strukturierungsphase des Gesprächs auch Information gegeben werden (Bsp. Prävalenzzahlen post-Corona deuten auf depressive Symptomatik bei ca. jeder/m 4. Schüler*in; gesetzliches Verbot, Kinder zu schlagen u. ä.). Dies dient nicht dem Zweck, das Erlebte »klein zu reden«, sondern dem/r Jugendlichen zu signalisieren, dass er/sie nicht allein ist und gehört wird. Eine Exploration von Symptomen ist dann hilfreich, wenn sie das Gesagte ernst nimmt, ohne zu überdramatisieren oder zu bagatellisieren.

Keine vorschnellen Ratschläge oder zu optimistische Zukunftsperspektiven geben. Gerade im psychischen Störungsbereich haben Betroffene oft schon mehrere (gescheiterte) Bewältigungsversuche hinter sich oder einen so starken Leidensdruck, dass sie sich nicht vorstellen können, dass es ihnen jemals wieder besser gehen wird. Vom Umfeld erfahren sie dabei oft Unverständnis und vorschnelle Ratschläge, die zur Verbesserung der Situation rein gar nichts beitragen und das Gefühl des nicht-verstanden-werdens noch weiter erhöhen (Bsp.: »Jetzt reiß Dich mal ein bisschen zusammen«, »Das wird schon wieder«, »Anderen geht es noch viel schlechter«, »Probier‹ doch mal xy, das hat mir auch gut geholfen« o. ä.). Im Beratungsgespräch ist es unsere Aufgabe, das zu vermeiden. Stattdessen kann die Schwere der Situation direkt angesprochen und anerkannt werden (vgl. »Brücken bauen zu Unausgesprochenem«, Bsp.: »Das hört sich wirklich schwierig an«, »Du klingst sehr verzweifelt« u. ä.). Ressourcen und Bewältigungsversuche sollten im Anschluss natürlich trotzdem erfragt und verstärkt werden, um dann gemeinsam zu beraten, was die nächsten Schritte sein können. Hier ist es aber wichtig, eine realistische (auch zeitliche) Perspektive zu wahren: psychische Störungen, aber leider meist auch Gewalterfahrungen z. B. im häuslichen Umfeld haben, so inakzeptabel die Situationen auch sein mögen, eine lange Vor- und Entstehungsgeschichte und bestehen mitunter seit Jahren. Hier ad hoc Lösungen anzubieten, die eine schnelle/sofortige Beendigung des Leidens in Aussicht stellen, wäre nicht hilfreich und unprofessionell. Stattdessen kann dem/r Jugendlichen aber signalisiert werden, dass Sie (bzw. die von Ihnen einbezogenen weiteren Stellen) ab sofort verlässlich an seiner/ihrer Seite sein werden auf dem Weg der Bewältigung.

Alle weiteren Schritte offen kommunizieren und besprechen. Im Abschluss des Gesprächs geht es wie im beziehungsorientierten Beratungsgespräch darum, Vereinbarungen zu treffen und weitere Schritte abzusprechen. Bei schweren Problematiken ist es hier ganz besonders wichtig, dass Sie hier mit maximaler Transparenz und Einbindung des/r Betroffenen arbeiten und jeden weiteren Schritt nur setzen, nachdem Sie dies mit ihm/ihr abgesprochen haben (Bsp.: »Bis [...] werde ich mit [...] sprechen, ich gebe Dir dann Bescheid«; Heil, 2014). Dabei hängt es von Ihrer Einschätzung des Gefährdungsgrades ab (akute Selbst- oder Fremdgefährdung? Kindeswohl akut bedroht, wenn Jugendliche/r in der aktuellen Situation verbleibt?), ob Sie dabei den Willen des/r Jugendlichen immer erfüllen können oder nicht. Ihren eigenen Handlungsspielraum sollte die Lehrperson ebenso realistisch einschätzen und offen legen; oft wird es so sein, dass sie »nur« als verlässliche Ansprechperson innerhalb der Schule verbleiben kann, weitere Schritte aber von anderen Stellen begleitet werden müssen. Dazu gehört im Übrigen auch, dass man dem/r Jugendlichen offen sagt, wenn man in einer Problematik ad hoc zu wenig Bescheid weiß, um die optimale Hilfestellung geben zu können, sich aber informieren wird und am Thema »dranbleiben« wird (was man dann natürlich auch tun muss; Folgetermin!). Es ist ebenso legitim für die Lehrperson (ja sogar ein Zeichen von Professionalität!), einen Fall an Kolleg*innen oder schulische Unterstützungssysteme abzugeben, wenn die eigenen Ressourcen für dessen kompetente Begleitung nicht ausreichen; das Wichtigste ist hierbei, dass die weitere Vorgehensweise von dem/der Jugendlichen selbst als unterstützend erlebt wird und er/sie das Gefühl hat, dass sich Erwachsene verantwortungsvoll des Problems annehmen.

3.5.6 ... und die Anderen? Einbeziehen von Mitschüler*innen und Thematisierung belastender Themen im Unterricht

Fallbeispiel: Melanie
Melanie ist 15 und geht in Ihre erste Oberstufenklasse. Vor Corona war Ihnen Melanie als leistungsstarke Schülerin mit hohen Ansprüchen an sich selbst bekannt, die in der Freizeit bei einem Musicalverein aktiv war und viel Zeit mit einigen wenigen, aber

3.5 Größere Probleme gemeinsam bewältigen

guten Freundinnen verbrachte. Während der Distanzlehre in der Pandemie war Melanie für Sie und Ihre Kolleg*innen immer weniger erreichbar, wenn sie sich in Videokonferenzen einwählte, blieb ihre Kamera auch nach Aufforderung aus, sie gab Arbeitsaufträge nur sehr sporadisch ab und beteiligte sich überhaupt nicht mehr am Unterricht. Auch ihre Freundinnen berichten auf Ihre Rückfrage hin, dass sie Melanie kaum mehr erreichen könnten, sie würde auf Nachrichten nicht antworten und sich nicht melden. Nach Rückkehr in den Präsenzunterricht fehlt Melanie weiterhin oft, ist blass und Ihnen fällt ein starker Gewichtsverlust auf. Sie fragen bei den (ehemaligen) besten Freundinnen nach und erfahren, dass Melanie während der belastenden Zeit der Schulschließungen augenscheinlich eine Essstörung entwickelt hat. Die Freundinnen wissen nicht, was sie tun sollen, da Melanie all ihre Hilfsangebote bislang abgeblockt hat und ihr Gewichtsverlust mittlerweile bedrohliche Ausmaße annimmt. Tatsächlich wird Melanie wenige Tage später mit Anorexia Nervosa und weiteren nicht näher bekannten Diagnosen in eine psychiatrische Klinik eingewiesen.

Neben dem Unterstützungsangebot für besonders belastete Schüler*innen, das wir in der Schule v. a. über Beratungsgespräche und Weiterverweisung an kompetente Stellen zu geben im Stande sind, stellt sich oft auch die Frage, inwieweit die Mitschüler*innen miteinbezogen werden sollen.

Wenn wir als Lehrpersonen von besonderen Belastungen von Schüler*innen Kenntnis erlangen, wissen oft auch die Mitschüler*innen bereits mehr oder weniger (meist weniger) gut über die Sachlage Bescheid, oft machen Gerüchte und Halbwahrheiten über den/die Betroffene/n und seinen/ihren Zustand die Runde. So stellt sich oftmals auch die Frage nach dem Einbezug der Mitschüler*innen und der Behandlung des betreffenden Themas (wie im Fallbeispiel Essstörungen) im Unterricht. Hierzu empfehlen Schulpsycholog*innen folgende Grundregeln:

… 3 Klassenführung durch Beziehung – so gelingt's

- Information der Mitschüler*innen (oder anderer Personen) *immer nur mit expliziter Zustimmung des/r betroffenen Schüler*in*. Die Lehrperson kann im Gespräch mit dem/r Betroffenen auf diese Frage hinweisen und er/sie soll entscheiden, ob, in welchem Ausmaß und in welcher Form die Mitschüler*innen informiert werden sollen. Manchmal möchten die Schüler*innen ihre Kamerad*innen selbst einweihen, manchmal möchten sie eine Information in ihrem Beisein, manchmal ohne ihr Beisein, manchmal soll auch nichts darüber gesagt werden. Der Wunsch der/s Betroffenen ist von der Lehrperson zu respektieren, dies kann auch wiederum so an die Mitschüler*innen kommuniziert werden – eine für alle Seiten vertrauensbildende Maßnahme.
- Inhaltliche Behandlung eines sensiblen Themas im Unterricht (Bsp. Tod und Trauer, Selbstverletzung, Störungen des Körperbildes, ...) immer nur *ohne konkreten Anlassfall*. Im Sinne einer ganzheitlichen Ausbildung, in der nicht nur Sach- und Methodenkompetenz, sondern auch Sozial- und Selbstkompetenz im Fokus stehen, sollten Lehrpersonen vor »schwierigen« Themen nicht zurückschrecken, ja ihre Behandlung sogar als eine Kernaufgabe sehen, jedoch die Themen *präventiv* und *mit sorgfältiger Vorbereitung* behandeln. Dazu gehört auch, sich vor Einführung eines Themas bewusst zu sein, dass aktuelle Prävalenzzahlen zu psychischen Belastungen im Kindes- und Jugendalter darauf schließen lassen, dass in jeder Klasse einige Schüler*innen von einem bestimmten Störungsbild betroffen sind, und eine entsprechende sensible Abfrage in die Vorbereitung mit einzubeziehen (Bsp. Informationsbogen zum geplanten Thema mit anonymer Abfrage, ob jemand damit Erfahrung hat, ob jede/r teilnehmen möchte, wichtige Hinweise für die Behandlung im Unterricht hat o. ä.).
- *Informieren* Sie *Eltern und Schulleitung vorab*: viele Erziehungsberechtigte haben Sorge, die Behandlung gewisser problematischer Themen könnte unerwünschte Verläufe bei ihren Kindern begünstigen. Wenn diese Sorgen bei entsprechend professioneller Behandlung des Themas zwar erwiesenermaßen unbegrün-

det sind (vgl. zusammenfassend etwa Bründel, 2015, zum Thema Suizidalität bei Schüler*innen), sollten sie doch ernst genommen und ihnen begegnet werden, indem zunächst der Konsens der Schulleitung zur Behandlung eines »Problemthemas« eingeholt und im Anschluss die Eltern über Ziele, Ablauf und Inhalte des Projekts informiert und – idealerweise – sogar in dessen inhaltlichen Ablauf miteingebunden werden (vgl. auch Sacher et al., 2019).

- Gute *Sachkenntnis der Lehrperson* über das zu behandelnde Thema ist unerlässlich. Oftmals stellen öffentliche Stellen und psychosoziale Unterstützungssysteme qualitativ hochwertige, in Inhalt und Methodik geprüfte Unterrichtsmaterialien, Workshops durch externe Expert*innen u. ä. zur Verfügung. *Informieren Sie sich rechtzeitig* (d. h. idealerweise vor dem ersten Anlassfall) *über Angebote* in ihrem schulischen Umkreis und *nutzen Sie die am Schulstandort vorhandenen Unterstützungssysteme* (Schulsozialarbeit, Schulpsychologie, Krisenteam) in der Planung und Umsetzung Ihres Unterrichts.

Zusammenfassend lässt sich also festhalten: Behandlung »schwieriger« Themen im Unterricht ja, unbedingt, aber stets präventiv, also ohne konkreten Anlassfall, und mit entsprechend hochwertiger Vorbereitung und unter Einbezug aller »Stakeholder«.

3.6 Auf sich selbst achten: Selbstfürsorge und Abgrenzung

Die letzten Abschnitte haben es schon gezeigt: mitunter treffen wir im Schulalltag, gerade wenn eine beziehungsorientierte Gestaltung von Unterricht und schulischem Miteinander gelebt wird, auf Situationen und Schicksale von Schüler*innen, die auch den/die erfahrenste/n Praktiker*in vor Herausforderungen in Umgang und

Bewältigung stellen. Abschließend sollen daher einige Möglichkeiten aufgezeigt werden, bei allem Engagement auch selbst nicht auf der Strecke zu bleiben und mit Phasen der erhöhten Belastung im Schulkontext besser umgehen zu können.

3.6.1 Eigene Grenzen wahrnehmen und akzeptieren

Besonders im Umgang mit besonders belasteten Schüler*innen, aber natürlich auch im Schulalltag generell, der gerade für engagierte Lehrpersonen von einer Vielzahl an Verpflichtungen geprägt ist, ist die Kenntnis und die bewusste Wahrnehmung der eigenen Grenzen eine wesentliche Fähigkeit zur Sicherstellung der eigenen Psychohygiene; zeigt die Wissenschaft doch schon seit Jahren nicht umsonst konsistent ein besonders hohes Risiko für Burnout und Belastung bei Lehrpersonen (vgl. zusammenfassend McCarthy, Lineback & Reiser, 2015). Präventiv dagegen wirken kann auf der einen Seite die *Wahrnehmung und Akzeptanz von Grenzen der eigenen Fachkompetenz* (Lehrpersonen sind keine Therapeut*innen, Auslagern spezifischer Fragestellungen an Expert*innen und externe Stellen, Beiziehen von Hilfe für sich selbst und die Schüler*innen), andererseits die Bewusstmachung *emotionaler Grenzen* (eigene Vorgeschichte in Bezug auf bestimmte Problembereiche, eigene Bewältigungsstrategien, eigenes aktuelles Belastungsniveau). Je realistischer und besser diese Selbsteinschätzung gelingt, desto gewinnbringender ist die Arbeit für die Lehrperson selbst, aber vor allem auch für deren Schüler*innen. Dabei gilt es, die »Notbremse« nicht erst zu ziehen, wenn das eigene Belastungsniveau bereits sehr hoch ist, sondern schon vorher gegenzusteuern. Was dabei oft noch schwerer fällt als das Erkennen der eigenen Grenzen, ist die *Akzeptanz* schwieriger Phasen, suboptimaler Verläufe, negativer Gefühle und der banalen Tatsache, dass nicht immer alles gelingen kann. Ein wichtiger erster Schritt der Abgrenzung und Psychohygiene ist daher, sich *bewusst in solcher Akzeptanz zu üben* und schwierige Phasen und Momente als Teil des Berufs zu sehen sowie bewusst aus-

3.6 Auf sich selbst achten: Selbstfürsorge und Abgrenzung

halten zu lernen, ohne gleich etwas daran verändern zu wollen – liegt doch gerade im Erleben und der Bewältigung solcher schwieriger Phasen die Kraft für das Selbstwachstum (u. a. Martin, 2004; Larrivee, 2006). Dieses Bewusstsein kann schon viel dazu beitragen, dem oft omnipräsenten Anspruch nach Perfektion und Leichtigkeit, der dem eigenen Wohlbefinden so gar nicht zuträglich ist, etwas den Wind aus den Segeln zu nehmen.

3.6.2 Psychohygiene und Selbstfürsorge auf emotionaler, kognitiver und Verhaltensebene

Schwierige Situationen im beruflichen Alltag bringen emotionale Belastungen mit sich. Zu deren Bewältigung können wir uns *auf emotionaler Ebene* an jenen Strategien orientieren, die in diesem Band bereits breit thematisiert wurden (allen voran das Prinzip: Prävention ist besser als Intervention) und die wir auch unseren Schüler*innen nahelegen: stützende Beziehungen nutzen und aufsuchen, in denen wir Wärme, Echtheit und Akzeptanz erfahren; Gefühle und eigene Bedürfnisse in- und außerhalb des beruflichen Umfelds klar benennen, reflektieren und Verantwortung für deren Erfüllung übernehmen; emotionale »Speicher« auch außerhalb auffüllen und stets verschiedene Wege zur Erfüllung der eigenen Bedürfnisse kennen und nutzen.

Auf *kognitiver Ebene* helfen auch uns strukturierende *Gespräche mit hilfreichen Dritten*, um unsere Gedanken zu ordnen, wieder klarer zu sehen und Perspektiven für eine konstruktive Weiterarbeit zu entwickeln. Eine routinemäßige *Reflexion* über Verläufe von Unterrichtsstunden, Gesprächen und Alltagssituationen, alleine oder mit Kolleg*innen, kann uns helfen, günstige und ungünstige eigene Muster und Verhaltenstendenzen ebenso wie eigene Anteile an gut und weniger gut verlaufenen Situationen zu erkennen sowie Alternativen zu entwickeln und auszuprobieren (vgl. auch Larrivee, 2006). Hierbei hilft ein weiterer Aspekt, der im Rahmen der beziehungsorientierten Klassenführung mehrfach angesprochen wurde: nämlich die *bewusste Lenkung der Wahrnehmung* auf das Positive, auf Erfolge und erfreuliche Verläufe. Die bewusste *Dokumentation* solcher Momente (beispielsweise in Form eines Erfolgs- oder Dankbarkeitstagebuchs) kann zusätzlich helfen, sie in der Reflexion des beruflichen Alltags nicht aus dem Blick zu verlieren. Auf *Verhaltensebene* ist in Akutsituationen ein Abbruch von Gesprächen und eine Wiederaufnahme unter besseren/konstruktiveren Bedingungen sehr legitim und manchmal erforderlich. Außerschulisch hilft bewusster *Ausgleich*, gerade in anspruchsvollen Phasen durch körperliche Bewegung, Naturerlebnisse und Stille, wieder zu uns zu finden und neue Perspektiven auf Erlebtes zu eröffnen. Bewusstes *Genießen* im Alltag gehören ebenso dazu wie die eigene Orientierung an den großen »Polen« der beziehungsorientierten Arbeit, nämlich *Struktur* (im eigenen Alltag, in der Problemlösung, ...) und *Beziehung* (Wärme und erfüllende Begegnungen mit Anderen). Techniken der *Achtsamkeit und Entspannung* helfen ebenfalls vielen Menschen beim Halten und Wiederfinden ihres persönlichen Gleichgewichts. Und schließlich soll der zeitliche Aspekt Erwähnung finden: *bewusste Definition und Kommunikation von Ruhe- und Privatzeiten* ist ebenso hilfreich wie die Wahl klarer und einheitlicher Kommunikationswege für schulische Belange. Eine dienstliche Mobilnummer und e-mail-Adresse und klare Erreichbarkeiten (und Zeiten von Nicht-Erreichbarkeit) helfen Ihnen und Ihren Schüler*innen sowie deren Eltern, Grenzen wahrzunehmen und zu wahren. Und schließlich ist auch für die eigene Psychohygiene die *Inanspruchnahme externer Beratung und Unterstützung* (beispielsweise in Form von Supervision oder psychologischer Begleitung) ein probates Mittel, um eigene Grenzen auszuloten, Krisenzeiten zu überwinden und an ihnen wachsen zu können und eigene Ressourcen zu (re-)aktivieren.

3.6 Auf sich selbst achten: Selbstfürsorge und Abgrenzung

3.6.3 Unterstützungsnetzwerke kennen und nutzen

Ein weiterer sehr wertvoller Weg, die eigenen Ressourcen zu schonen und vorhandene Kompetenzen auf allen Seiten optimal einzusetzen, ist die Kenntnis und Nutzung schulrelevanter Unterstützungsnetzwerke. Auf niederschwelligster Ebene gehören dazu schulinterne Systeme der Peer-Mediation zur Konfliktlösung unter Schüler*innen, speziell ausgebildete Beratungslehrer*innen, ein schulinternes Krisenteam und Kolleg*innen aus der Lern- und Freizeitbetreuung. In vielen Schulen gehören darüber hinaus Schulsozialarbeit und Schulpsychologie neben schulärztlicher Betreuung zu den fixen Bestandteilen der Schulgemeinschaft, auf die im Bedarfsfall, vor allem aber auch präventiv gewinnbringend zurückgegriffen werden kann. Informieren Sie sich über das Angebot an Ihrem Standort und vernetzen Sie sich bewusst, rechtzeitig und vor dem ersten Anlassfall mit den Kolleg*innen vor Ort – Sie werden positiv überrascht sein, wie viel Expertise und Erfahrung für welch große Bandbreite von Themen hier vorhanden ist (so kann etwa von der Schulsozialarbeit auch außerschulische Betreuung angeboten und initiiert werden, was Lehrpersonen oft nicht möglich ist bzw. vom Rollenverständnis her Konflikte hervorrufen würde). Legen Sie sich Kontakt- und Telefonlisten sowie ein Sprechzeitenverzeichnis an und prüfen Sie dessen Aktualität regelmäßig. Neben den Angeboten an der Schule selbst gibt es an jedem Standort regionale Angebote aus Kinder- und Jugendarbeit, die ebenfalls in Ihre Liste Eingang finden sollten (Bsp. Gewaltschutzzentren, Kinder- und Jugendanwaltschaft, Jugendberatungsangebote, Jugendwohlfahrt, Angebote zur Bewältigung von familiären Verlust- und Trauerprozessen, Angebote zur Schulung der medialen Kompetenz und Cybersicherheit wie in Österreich saferinternet.at, um nur einige Beispiele zu nennen). Die geballte Kompetenz der für diese Stellen tätigen Professionist*innen kann Ihnen in der konstruktiven Präventions- und Bewältigungsarbeit verschiedenster innerschulischer Herausforderungen eine wertvolle Hilfe sein, die es zu nutzen gilt – nicht zuletzt deshalb, um Schüler*innen, die mehr Hilfe benötigen, als Sie sie zu geben im Stande sind, mit Ruhe und Vertrauen weiterbegleitet zu wissen, ohne an die Grenzen der eigenen Möglichkeiten zu stoßen oder diese gar zu überschreiten.

4

Zusammenfassung und Ausblick

Dieser Band verfolgte das Ziel, den aktuellen Forschungsstand zu Klassenführung auf der Sekundarstufe zwischen den Ansprüchen von Struktur und Beziehung zusammenzutragen und konkrete Schlüsse für die tägliche Gestaltung konstruktiver Lernumgebungen abzuleiten.

Dabei wurde gezeigt, dass im nicht-deutschsprachigen Forschungsraum der Beziehungsdimension zwischen Lehrpersonen und Schüler*innen, aber auch zwischen den Schüler*innen untereinander wesentlich mehr Gewicht für das Gelingen von Lernen und Unterricht beigemessen wird als hierzulande üblich. Kompetenz zur Klassenführung wird damit ebenfalls wesentlich breiter aufgefasst und baut auf einem Fundament auf, das durch die Beziehungsdimensionen Wärme, Akzeptanz, Wertschätzung, Echtheit,

4 Zusammenfassung und Ausblick

konstruktive Unterstützung und Gewährung von Autonomie charakterisiert und bestimmt wird. Klassenführung wird damit nicht mehr nur zu einer Verantwortung der Lehrperson, sondern zu einem bilateralen Prozess zwischen Lehrpersonen und Schüler*innen, in dem alle gemeinsam für die Entstehung und Aufrechterhaltung einer konstruktiven Lernumgebung und damit für die Qualität von Lernprozessen und -ergebnissen, die darin entstehen können, verantwortlich sind. Gerade auf der Sekundarstufe, in der die Schüler*innen entwicklungsbedingt bereit und in der Lage sind, für ihr Handeln und Lernen mehr und mehr Eigenverantwortung zu übernehmen und diese auch aktiv einfordern, erscheint ein solcher Ansatz für die Gestaltung wirksamer Lernumgebungen prädestiniert. Neben Hinweisen zur bewussten Entwicklung und Stärkung der Beziehungsdimension trägt der Band effektive Strategien aus der internationalen und deutschsprachigen Forschungslandschaft zusammen, die zur Strukturierung von Lernumgebungen beitragen, dem zweiten Pol, dem im Ansatz der beziehungsorientierten Klassenführung besonderes Gewicht gegeben wird. Komplettiert werden die präventiven Möglichkeiten auf Beziehungs- und Strukturebene in diesem Band durch Fallbeispiele aus der Praxis, erprobte reaktive Strategien im Umgang mit akuten und längerfristigen Problemlagen sowie durch Hinweise zur Erhaltung der eigenen Belastbarkeit. Der Band hofft damit, auch im deutschsprachigen Raum zu einem breiteren Verständnis von Klassenführung beizutragen, das sich nicht in einer bestimmten Art der Unterrichtsführung erschöpft, sondern Schüler*innen und Lehrpersonen gemeinsam zur konstruktiven Gestaltung von Lernumgebungen führt, in denen tatsächlich sowohl akademisches als auch persönliches Wachstum möglich sind.

Literaturverzeichnis

Alderman, G. L. & Green, S. K. (2011). Social Powers and Effective Classroom Management: Enhancing Teacher-Student Relationships. *Intervention in School and Clinic, 47*(1), 39–44.
Bear, G. G. (2015). Preventive and Classroom-Based Strategies. In E. T. Emmer & E. J. Sabornie (Eds.), *Handbook of Classroom Management* (2nd ed., S. 15–39). New York: Routledge.
Berger, E. & Fuchs, H. (2007). *Planen, unterrichten, beurteilen. Das Wichtigste für die Praxis*. Linz: Veritas.
Berk, L. E. (2019). *Entwicklungspsychologie* (7., akt. Aufl.). Hallbergmoos: Pearson.
Bönsch, M. (2004). *Differenzierung in Schule und Unterricht. Ansprüche – Formen – Strategien* (2. Aufl.). München: Oldenbourg.
Bowlby, J. (1982). *Attachment and Loss*. New York: Basic Books.
Bowlby, J. (2018). *Bindung als sichere Basis: Grundlagen und Anwendung der Bindungstheorie* (4. Aufl.). München: Ernst Reinhardt Verlag.
Brophy, J. E. (2006). History of Research on Classroom Management. In C. M. Evertson & C. S. Weinstein (Eds.), *Handbook of Classroom Management. Research, Practice and Contemporary Issues* (S. 17–46). New York: Routledge.
Bründel, H. (2015). *Notfall Schülersuizid. Risikofaktoren – Prävention – Intervention*. (Reihe: Brennpunkt Schule). Stuttgart: Kohlhammer.
Clunies-Ross, P., Little, E. & Kienhuis, M. (2008). Self-Reported and Actual Use of Proactive and Reactive Classroom Management Strategies and their Relationship with Teacher Stress and Student Behaviour. *Educational Psychology, 28* (6), 693–710.
Cohen, J. (1988). *Statistical Power Analysis for the Behavioral Sciences* (2nd ed.). Hillsdale, N.J: L. Erlbaum Associates.
Cornelius-White, J. (2007). Learner-Centered Teacher-Student Relationships are Effective: A Meta-Analysis. *Review of Educational Research, 77* (1), 113–143.
Doyle, W. (2006). Ecological Approaches to Classroom Management. In C. M. Evertson & C. S. Weinstein (Eds.), *Handbook of Classroom Management. Research, Practice and Contemporary Issues* (S. 97–126). New York: Routledge.
Emmer, E. T. & Sabornie, E. J. (Eds.). (2015). *Handbook of Classroom Management* (2nd ed.). New York: Routledge.
Evertson, C. M. & Weinstein, C. S. (Eds.). (2006). *Handbook of Classroom Management. Research, Practice and Contemporary Issues*. New York: Routledge.
Glasl, F. (2004). *Konfliktmanagement* (8. Aufl.). Bern u. a.: Haupt.

Literaturverzeichnis

Good, T. L. & Brophy, J. E. (2003). *Looking in Classrooms* (9th ed.). Boston: Allyn & Bacon.

Hagenauer, G. & Raufelder, D. (Hrsg.). (2021). *Soziale Eingebundenheit: Sozialbeziehungen im Fokus von Schule und Lehrer*innenbildung*. Münster: Waxmann.

Heckhausen, J. & Heckhausen, H. (Hrsg.). (2010). *Motivation und Handeln* (4. Aufl.). Berlin u. a.: Springer

Heil, P. (2014). *Unterlagen und Trainingsmaterialien aus der Schulsozialarbeit.* Workshop im Rahmen der Lehrveranstaltung »Umgang mit Störungen und Verhaltensauffälligkeiten im Unterricht« der Paris-Lodron-Universität Salzburg, 2014–2018.

Helmke, A. (2015). *Unterrichtsqualität und Lehrerprofessionalität. Diagnose, Evaluation und Verbesserung des Unterrichts* (7., aktual. Aufl.). Stuttgart: Klett Kallmeyer.

Hennig, C. & Knödler, U. (2007). *Schulprobleme lösen*. Weinheim u. a.: Beltz.

Hollerbach, J. & Brisch, K. H. (2015). Sekundäre Prävention von emotionalem Problemverhalten durch »B.A.S.E.® – Babywatching gegen Aggression und Angst zur Förderung von Sensitivität und Empathie«. In: Seifert-Karb, I., *Frühe Kindheit unter Optimierungsdruck. Entwicklungspsychologische und familientherapeutische Perspektiven* (S. 165–173). Gießen: Psychosozial Verlag.

Johnson, B., Whitington, V. & Oswald, M. (1994). Teachers' Views on School Discipline: A Theoretical Framework. *Cambridge Journal of Education*, 24, 261–276.

Kemna, P. (2012). Effektive Lehrer-Schüler-Beziehung: Empirische Analyse eines Konstrukts. In K.-O. Bauer & N. Logemann (Hrsg.), *Effektive Bildung: Zur Wirksamkeit und Effizienz pädagogischer Prozesse*. (S. 77–100). Münster: Waxmann.

Kessler, D. & Strohmaier, D. (2009). *Gewaltprävention an Schulen. Persönlichkeitsbildung und Soziales Lernen*. Wien: ÖZEPS, online verfügbar unter: http://www.oezeps.at/wp-content/uploads/2011/07/Onlineversion_Gewaltpraevention.pdf, zuletzt geprüft am 04.11.2021.

Kounin, J. S. (2006). *Techniken der Klassenführung* (Reprints 3). Münster: Waxmann.

Kunter, M., Baumert, J., Blum, W., Klusmann, U., Krauss, S. & Neubrand, M. (Hrsg.). (2011). *Professionelle Kompetenz von Lehrkräften: Ergebnisse des Forschungsprogramms COACTIV*. Münster: Waxmann.

Kunter, M. & Voss, T. (2011). Das Modell der Unterrichtsqualität in COACTIV: Eine multikriteriale Analyse. In: Kunter, M., Baumert, J., Blum, W., Klusmann, U., Krauss, S. & Neubrand, M. (Hrsg.). (2011). *Professionelle Kompetenz von Lehrkräften: Ergebnisse des Forschungsprogramms COACTIV* (S. 85–113). Münster: Waxmann.

Larrivee, B. (2006). The Convergence of Reflective Practice and Effective Classroom Management. In C. M. Evertson & C. S. Weinstein (Eds.), *Handbook of Classroom Management. Research, Practice and Contemporary Issues* (S. 983–1001). New York: Routledge.

Lewis, R., Romi, S., Katz, Y. J. & Qui, X. (2008). Students' Reaction to Classroom Discipline in Australia, Israel, and China. *Teaching and Teacher Education, 24*(3), 715–724.

Mainhard, M. T., Brekelmans, M. & Wubbels, T. (2011). Coercive and Supportive Teacher Behavior: Within and Across-Lesson Associations with the Classroom Social Climate. *Learning and Instruction, 21*, 345–354.

Martin, S. D. (2004). Finding Balance: Impact of Classroom Management Conceptions on Developing Teacher Practice. *Teaching and Teacher Education, 20*, 405–422.

Mayr, J., Eder, F. & Fartacek, W. (1991). Mitarbeit und Störung im Unterricht: Strategien pädagogischen Handelns. *Zeitschrift für Pädagogische Psychologie, 5* (1), 43–55.

McCarthy, C. J., Lineback, S. & Reiser, J. (2015). Teacher Stress, Emotion, and Classroom Management. In E. T. Emmer & E. J. Sabornie (Eds.), *Handbook of Classroom Management* (2nd ed., S. 301–321). New York: Routledge.

Mitchell, M. M. & Bradshaw, C. P. (2013). Examining Classroom Influences on Student Perceptions of School Climate: The Role of Classroom Management and Exclusionary Discipline Strategies. *Jounal of School Psychology, 51*, 599–610.

Montuoro, P., & Lewis, R. (2015). Student Perceptions of Misbehavior and Classroom Management. In E. T. Emmer & E. J. Sabornie (Eds.), *Handbook of Classroom Management* (2nd ed., S. 344–362). New York: Routledge.

Nolting, H.-P. (2017). *Störungen in der Schulklasse. Ein Leitfaden zur Vorbeugung und Konfliktlösung* (14., vollst. überarb. Aufl.). Weinheim u. a.: Beltz.

Omer, H. & von Schlippe, A. (2013). *Autorität durch Beziehung. Die Praxis des gewaltlosen Widerstands in der Erziehung.* Göttingen: Vandenhoeck & Ruprecht.

Omer, H. & von Schlippe, A. (2016). *Stärke statt Macht: Neue Autorität in Familie, Schule und Gemeinde* (3., unveränd. Aufl.). Göttingen: Vandenhoeck & Ruprecht.

Ophardt, D. & Thiel, F. (2013). *Klassenmanagement: Ein Handbuch für Studium und Praxis.* Stuttgart: Kohlhammer.

Paradies, L., Wester, F. & Greving, J. (2018). *Skriptor Praxis: Leistungsmessung und Bewertung* (7., überarb. Neuaufl.). Berlin: Cornelsen Skriptor.

Pas, E. T., Cash, A. H., O'Brennan, L., Debnam, K. J. & Bradshaw, C. P. (2015). Profiles of Classroom Behavior in High Schools: Associations with Teacher

Behavior Management Strategies and Classroom Composition. *Journal of School Psychology, 53,* 137–148.

Pianta, R. C. (2006). Classroom Management and Relationships Between Children and Teachers: Implications for Research and Practice. In C. M. Evertson & C. S. Weinstein (Eds.), *Handbook of Classroom Management. Research, Practice and Contemporary Issues* (S. 685–708). New York: Routledge.

Pieh, C., Plener, P. L., Probst, T., Dale, R. & Humer, E. (2021). Mental Health in Adolescents during COVID-19-Related Social Distancing and Home-Schooling. Online verfügbar unter: https://ssrn.com/abstract=3795639, zuletzt geprüft am 30. 08. 2021.

Piwowar, V. (2013). Multidimensionale Erfassung von Kompetenzen im Klassenmanagement: Konstruktion und Validierung eines Beobachter- und eines Schülerfragebogens für die Sekundarstufe 1. *Zeitschrift für Pädagogische Psychologie, 27* (4), 215–228.

Piwowar, V. (2014). *Die Entwicklung eines Instruments zur Erfassung der Klassenführungskompetenz von Lehrpersonen* [Dissertation]. Berlin: Freie Universität.

Piwowar, V., Ophardt, D. & Thiel, F. (2014). KODEK – Kompetenzen des Klassenmanagements. Instrumentensammlung. Online verfügbar unter: https://www.ewi-psy.fu-berlin.de/einrichtungen/arbeitsbereiche/schulentwicklungsforschung/forschung/abgelaufeneprojekte/kodek/Buch_Startseite/index.html, zuletzt geprüft am 04.11.2021.

Ratcliff, N. J., Jones, C. R., Costner, R. H., Savage-Davis, E., Sheehan, H. & Hunt, G. G. (2010). Teacher Classroom Management Behaviors and Student Time-on-Task: Implications for Teacher Education. *Action in Teacher Education, 32* (4), 38–51.

Reindl, M. & Gniewosz, B. (Hrsg.). (2017). *Prima Klima: Schule ist mehr als Unterricht.* Berlin: Springer.

Riley, P. (2009). An Adult Attachment Perspective on the Student-Teacher Relationship & Classroom Management Difficulties. *Teaching and Teacher Education, 25,* 626–635.

Riley, P. (2011). *Attachment Theory and the Teacher-Student Relationship.* London: Routledge.

Riley, P., Lewis, R. & Brew, C. (2010). Why Did You Do That? Teachers Explain the Use of Legal Aggression in the Classroom. *Teaching and Teacher Education, 26,* 957–964.

Romi, S., Lewis, R., Roache, J. & Riley, P. (2011). The Impact of Teachers' Aggressive Management Techniques on Students' Attitudes to Schoolwork. *The Journal of Educational Research, 104*(4), 231–240.

Rosenberg, M. B. (2016). *Gewaltfreie Kommunikation: Eine Sprache des Lebens* (überarb. und erw. Neuaufl). Paderborn: Junfermann.

Rüedi, J. (2013). *Disziplin und Selbstdisziplin in der Schule: Plädoyer für ein antinomisches Verständnis von Disziplin und Selbstdisziplin. Begründungen, Möglichkeiten und Beispiele zur Klassenführung* (4., vollst. überarb. und erw. Aufl.). Bern: Haupt.

Ryan, R. M. & Deci, E. L. (2019). Brick by Brick: The Origins, Development, and Future of Self-Determination Theory. In *Advances in Motivational Science (6)*, 111–155.

Sacher, W., Berger, F. & Guerrini, F. (2019). *Schule und Eltern – eine schwierige Partnerschaft. Wie Zusammenarbeit gelingt.* (Reihe: Brennpunkt Schule). Stuttgart: Kohlhammer.

Salkovsky, M., Romi, S. & Lewis, R. (2015). Teachers' Coping Styles and Factors Inhibiting Teachers' Preferred Classroom Management Practice. *Teaching and Teacher Education, 48*, 56–65.

Schabus, M. & Eigl, E-S. (2021). »Jetzt Sprichst Du!« Belastungen und psychosoziale Folgen der Coronapandemie für österreichische Kinder und Jugendliche. *Paediatr. Paedolog*, online verfügbar unter: https://doi.org/10.1007/s00608-021-00909-2.

Schoosleitner, M. (2020). *Schulkonflikte effektiv lösen.* Workshop im Rahmen der Lehrveranstaltung »Beratung, Diagnose, Elternarbeit« der Paris-Lodron-Universität Salzburg, März 2020.

Schnebel, S. (2012). *Professionell beraten: Beratungskompetenz in der Schule* (2., erg. Aufl.). Weinheim u. a.: Beltz.

Schwab, Y. & Elias, M. J. (2015). From Compliance to Responsibility: Social-Emotional Learning and Classroom Management. In E. T. Emmer & E. J. Sabornie (Eds.), *Handbook of Classroom Management* (2nd ed., S. 94–115). New York: Routledge.

Schweer, M. K.W. (Hrsg.). (2016). *Lehrer-Schüler-Interaktion: Inhaltsfelder, Forschungsperspektiven und methodische Zugänge.* Berlin: Springer.

Siwek-Marcon, P. (2020). *The Role of Teachers' Motives in Classroom Management* [Dissertation]. Salzburg: Paris-Lodron-Universität Salzburg.

Siwek-Marcon, P. (2021). Klassenführung durch Beziehung: Effekte einer Intervention in relationalem Classroom Management während des Lehramtsstudiums auf die spätere Berufspraxis. In: Hagenauer, G. & Raufelder, D. (Hrsg.), *Soziale Eingebundenheit: Sozialbeziehungen im Fokus von Schule und Lehrer*innenbildung*, S. 207-222. Münster u. a.: Waxmann.

Stough, L. M. & Montague, M. L. (2015). How Teachers Learn to Be Classroom Managers. In E. T. Emmer & E. J. Sabornie (Eds.), *Handbook of Classroom Management* (2nd ed., S. 446–458). New York: Routledge.

Sutton, R. E., Mudrey-Camino, R. & Knight, C. C. (2009). Teachers' Emotion Regulation and Classroom Management. *Theory Into Practice, 48* (2), 130–137.

Thiel, F., Ophardt, D. & Piwowar, V. (2013). *Abschlussbericht des Projekts Kompetenzen des Klassenmanagements (KODEK): Entwicklung und Evaluation eines Fortbildungsprogramms für Lehrkräfte zum Klassenmanagement.* Berlin. Online verfügbar unter: https://www.ewi-psy.fu-berlin.de/einrichtungen/arbeitsberei che/schulentwicklungsforschung/downloads/Abschlussbericht-KODEK.pdf, zuletzt geprüft am 04.11.2021.

Van Tartwijk, J. & Hammerness, K. (2011). The Neglected Role of Classroom Management in Teacher Education. *Teaching Education, 22* (2), 109–112.

Wachs, S., Hess, M., Scheithauer, H. & Schubarth, W. (2016). *Mobbing an Schulen: Erkennen – Handeln – Vorbeugen.* (Reihe: Brennpunkt Schule). Stuttgart: Kohlhammer.

Wallner, F. (2019). *Mobbingprävention im Lebensraum Schule.* Wien: ÖZEPS, Online verfügbar unter: http://www.oezeps.at/wp-content/uploads/2019/ 02/Handreichung_Mobbing_ONLINE.pdf, zuletzt geprüft am 04.11.2021.

Wettstein, A. & Scherzinger, N. (2018). *Unterrichtsstörungen verstehen und wirksam vorbeugen.* (Reihe: Brennpunkt Schule). Stuttgart: Kohlhammer.

Woolfolk Hoy, A. & Weinstein, C. S. (2006). Student and Teacher Perspectives on Classroom Management. In C. M. Evertson & C. S. Weinstein (Eds.), *Handbook of Classroom Management. Research, Practice and Contemporary Issues* (S. 181–215). New York: Routledge.

Wubbels, T. (2011). An International Perspective on Classroom Management: What Should Prospective Teachers Learn? *Teaching Education, 22* (2), 113–131.

Wubbels, T., Brekelmans, M., Den Brok, P., Wijsman, L., Mainhard, M. T. & van Tartwijk, J. (2015). Teacher-Student Relationships and Classroom Management. In E. T. Emmer & E. J. Sabornie (Eds.), *Handbook of Classroom Management* (2nd ed., S. 363–386). New York: Routledge.